startup.BwR

Betriebswirtschaftslehre/Rechnungswesen
für die Realschule in Bayern, 10 II

Arbeitsheft

Bearbeitet von

Jens Geiger

Katrin Gorzitzke

Constanze Meier

Unter Beratung von

Anja Vothknecht

C.C.BUCHNER

startup.BwR Realschule Bayern

Betriebswirtschaftslehre / Rechnungswesen
Band 10 II

Arbeitsheft

Bearbeitet von Jens Geiger, Katrin Gorzitzke und Constanze Meier
Unter Beratung von Anja Vothknecht

1. Auflage, 1. Druck 2023

Alle Drucke dieser Auflage sind, weil untereinander unverändert, nebeneinander benutzbar.

Dieses Werk folgt der reformierten Rechtschreibung und Zeichensetzung. Ausnahmen bilden Texte, bei denen künstlerische, philologische oder lizenzrechtliche Gründe einer Änderung entgegenstehen.

Die enthaltenen Links verweisen auf digitale Inhalte, die der Verlag bei verlagsseitigen Angeboten in eigener Verantwortung zur Verfügung stellt. Links auf Angebote Dritter wurden nach den gleichen Qualitätskriterien wie die verlagsseitigen Angebote ausgewählt und bei Erstellung des Lernmittels sorgfältig geprüft. Für spätere Änderungen der verknüpften Inhalte kann keine Verantwortung übernommen werden.

Redaktion: Stephanie Gebhardt
Layout und Satz: tiff.any GmbH & Co. KG, Berlin
Illustrationen: tiff.any GmbH & Co. KG, Berlin
Druck und Bindung: Brüder Glöckler GmbH, Wöllersdorf

www.ccbuchner.de

ISBN 978-3-661-82238-9

Inhaltsverzeichnis

Bildnachweis

AdobeStock / doganmesut – S. 37; pressmaster – Cover

Wiederholung

1 Unternehmen können in ihrer Hierarchie unterschiedlich aufgebaut sein. Zur Darstellung der Hierarchie werden meist Organigramme verwendet. Benennen Sie die drei dargestellten Organigramme und erklären Sie diese.

Organigramm	Erklärung

2 Ein Unternehmer kann seine Mitarbeiter unterschiedlich leiten. Ordnen Sie der gegebenen Definition den entsprechenden Führungsstil zu und nennen Sie anschließend Vor- und Nachteile des jeweiligen Führungsstils. Verwenden Sie für Ihre Lösung die Informationen aus dem Wortspeicher.

gutes Betriebsklima • hohe Motivation durch mehr Verantwortung • autoritativer Führungsstil •

Überlastung der Unternehmensführung • schnelle Entscheidungen • lange Diskussionen

erschweren Entscheidungen • wenig Motivation bei den Mitarbeitern • hohe Qualifikation der

Mitarbeiter nötig • klare Aufgabenverteilung • kooperativer Führungsstil

---

Definition

Die Unternehmensführung trifft allein alle Entscheidungen und trägt dafür die gesamte Verantwortung. Die Mitarbeiter erhalten von der Unternehmensführung Befehle und werden kontrolliert. Sie treffen keine Entscheidungen und tragen kaum Verantwortung.

Führungsstil	Vorteile	Nachteile

Definition

Die Unternehmensführung und die Mitarbeiter tauschen in Meetings und Diskussionen Informationen aus und treffen gemeinsam Entscheidungen. Die Unternehmensführung erwartet von ihren Mitarbeitern sachliche und konstruktive Unterstützung im gesamten Arbeitsprozess.

Führungsstil	Vorteile	Nachteile

3 Führungstechniken können in drei verschiedene Prinzipien unterteilt werden. Ordnen Sie den englischen Begriffen den jeweils passenden deutschen Begriff zu.

Management-by-Exception	Führen durch Zielvereinbarung
Management-by-Delegation	Führen nach dem Ausnahmenprinzip
Management-by-Objectives	Führen durch Delegation

4 Bilden Sie die Buchungssätze zu folgenden Geschäftsvorfällen und Belegen.

4.1 Max Inntaler nimmt aus seinem privaten Aktiendepot 12.000,00 € und zahlt es auf das Geschäftsbankkonto ein.

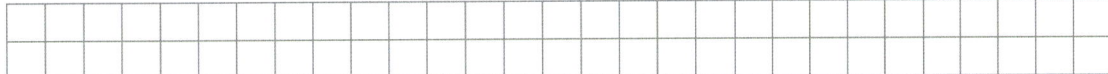

4.2 Der Geschäftsführer einer Schreinerei entnimmt der Kasse seines Geschäfts Bargeld in Höhe von 90,00 €, um für seine Tochter ein Geburtstagsgeschenk zu kaufen.

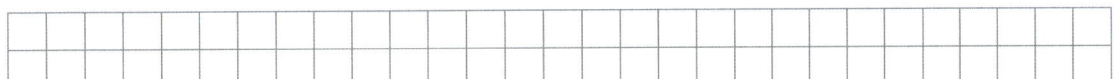

4.3 Der Unternehmer begleicht eine private Handwerkerechnung in Höhe von 2.979,00 € vom Geschäftsbankkonto per Banküberweisung.

4.4

Allfinanzbank Rosenheim   IBAN: DE74 7384 0000 0514 3273 14
Hauptstr. 7, 83022 Rosenheim

Vorgang	Buchungstag	Wertstellung	Soll [€]	Haben [€]
1 Einlage von privat	19.04.20..	19.04.20..		1.300,00
2 Begleichung einer privaten				
Rechnung	19.04.20..	19.04.20..	1.272,00	
Kontostand	**19.04.20..**			**5028,00**

InntalTex e. K. – Hauptstr. 27 – 83022 Rosenheim

4.5 Max Inntaler überweist von seinem Firmenbankkonto seine private Einkommensteuer in Höhe von 8.370,00 €.

5 Bilden Sie jeweils den Buchungssatz und Geschäftsvorfall zu den Eintragungen 1 bis 3 in vorliegendem T-Konto.

S	3001 P		H
1 2800 BK	119,00 €	3 3000 EK	269,00 €
2 2880 KA	150,00 €		

1 Buchungssatz:

1 Geschäftsvorfall:

_____

_____

2 Buchungssatz:

2 Geschäftsvorfall:

_____

_____

3 Buchungssatz:

_____

3 Geschäftsvorfall:

_____

_____

6 Bilden Sie die Buchungssätze zu folgenden Geschäftsvorfällen.

6.1 Eingangsrechnung: Kauf von Software für die neue Nähmaschine, netto 890,00 €.

6.2 Der Bescheid für die Grundsteuer geht ein, 62,00 €.

6.3 Barzahlung: Benzin für den Firmen-Pkw, brutto 57,12 €.

6.4 Die Rechnung über den Kauf von Reinigungsmitteln wird innerhalb der Skontofrist beglichen, Banklastschrift 1.516,06 €, Skonto 2 %.

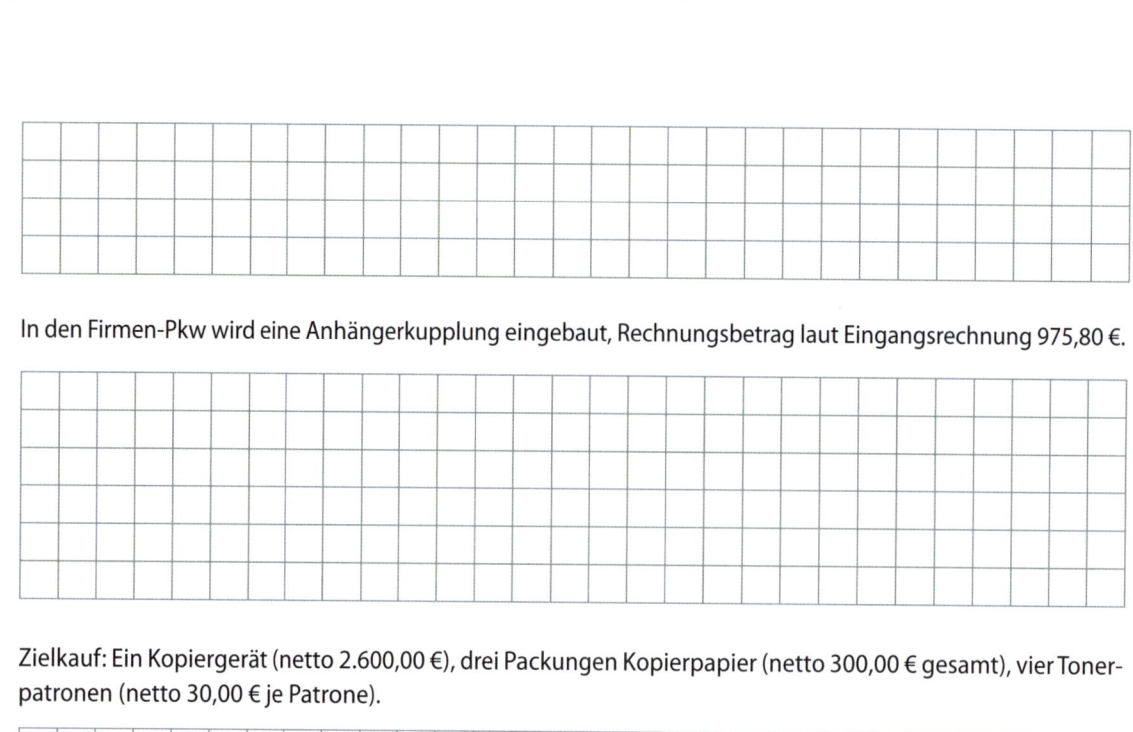

6.5 In den Firmen-Pkw wird eine Anhängerkupplung eingebaut, Rechnungsbetrag laut Eingangsrechnung 975,80 €.

6.6 Zielkauf: Ein Kopiergerät (netto 2.600,00 €), drei Packungen Kopierpapier (netto 300,00 € gesamt), vier Tonerpatronen (netto 30,00 € je Patrone).

	selbstständig nutzbar	beweglich	abnutzbar	Betragsgrenze (netto pro Stk.)	Konto
Kopiergerät					
Kopierpapier					
Tonerpatronen					

6.7 Barkauf einer neuen Büroerstausstattung: Schreibtisch (464,10 € brutto), 2 kostenidentische Aktenschränke (insgesamt 260,00 € netto), Kopiergerät mit Scanfunktion (80,00 € netto).

	selbstständig nutzbar	beweglich	abnutzbar	Betragsgrenze (netto pro Stk.)	Konto
Schreibtisch					
Aktenschrank					
Kopiergerät					

6.8 Die Bescheide über die Beiträge zur Betriebshaftpflichtversicherung (420,00 €) und die Unfallversicherung (340,00 €) gehen ein.

6.9 Barkauf eines neuen Kühlschranks für den Aufenthaltsraum der Mitarbeiter, netto 800,00 €.

	selbstständig nutzbar	beweglich	abnutzbar	Betragsgrenze (netto pro Stk.)	Konto
Kühlschrank					

6.10 Die Rechnung des Handwerkers für die Ausbesserungsarbeiten an der Teststrecke für die Fahrräder geht ein, 476,00 € brutto.

6.11 Abschluss des Kontos 5001 EBFE zum 31.12., Saldo 8.000,00 €.

6.12 Abschluss des Kontos 6001 BZKR zum 31.12., Saldo 15.000,00 €.

6.13 Abschluss des Kontos 8020 GUV zum 31.12., Soll 270.000,00 €, Haben 150.000,00 €.

6.14 Abschluss des Kontos 0500 GR zum 31.12., Saldo 130.000,00 €.

7 Bilden Sie aus den gegebenen Satzbausteinen vier korrekte Sätze und halten Sie diese schriftlich fest.

Werterhaltende Reparaturen führen dazu, dass…	… erhöht, wird dies auf dem jeweiligen …	Werterhöhende Reparaturen…
… erhöhen den Wert…	Auf dem Konto 6160 FRI…	… der Wert eines Anlagegutes …
… werden werterhaltende Reparaturen …	… eines Anlagegutes.	… buchhalterisch erfasst.
Wird der Wert eines Anlagegutes durch eine Reparatur…	… wiederhergestellt wird.	… Sachanlagenkonto erfasst.

_____

_____

_____

_____

_____

_____

_____

_____

8 Für die Produktion von Fahrrädern soll eine neue Maschine angeschafft werden. Dazu stehen RTM Bikes GmbH zwei Maschinen zur Auswahl:

	Maschine A	Maschine B
Anschaffungskosten	46.000,00 €	50.000,00 €
jährliche Betriebskosten	14.000,00 €	12.000,00 €
Nutzungsdauer Abschreibung: linear	8 y	8 y
Kapazität	50.000 Stück/y	50.000 Stück/y

8.1 Der Kauf der Maschine ist eine Investition für RTM Bikes GmbH. Nennen Sie die beiden unterschiedlichen Investitionsarten und erläutern Sie diese anhand von Beispielen. Ordnen Sie anschließend die Anschaffung der Maschine einer der beiden Investitionsarten zu.

_____

_____

_____

_____

_____

_____

_____

_____

_____

_____

_____

_____

8.2 Entscheiden Sie mithilfe des passenden Kostenvergleichs rechnerisch, welche Alternative gewählt werden soll. Begründen Sie zudem Ihre Entscheidung in einem Antwortsatz.

Hinweis: Da beide Maschinen über eine gleich hohe Kapazität verfügen, ist hier die periodenbezogene Kostenvergleichsrechnung der stückbezogenen vorzuziehen.

8.3 Das Unternehmen RTM Bikes GmbH entscheidet sich für den Kauf der Maschine B und erwirbt diese zum 31.08.20... Am 31.12.20.. erfolgt schließlich der Jahresabschluss, in dessen Zusammenhang auch die Abschreibung berechnet und buchhalterisch erfasst werden muss.

8.3.1 Nennen und erläutern Sie vier Gründe, weshalb ein Anlagegut an Wert verliert und deshalb abgeschrieben werden muss.

_____

_____

_____

_____

_____

_____

8.3.2 Erstellen Sie die Abschreibungstabelle für die ersten 4 Jahre der Maschine.

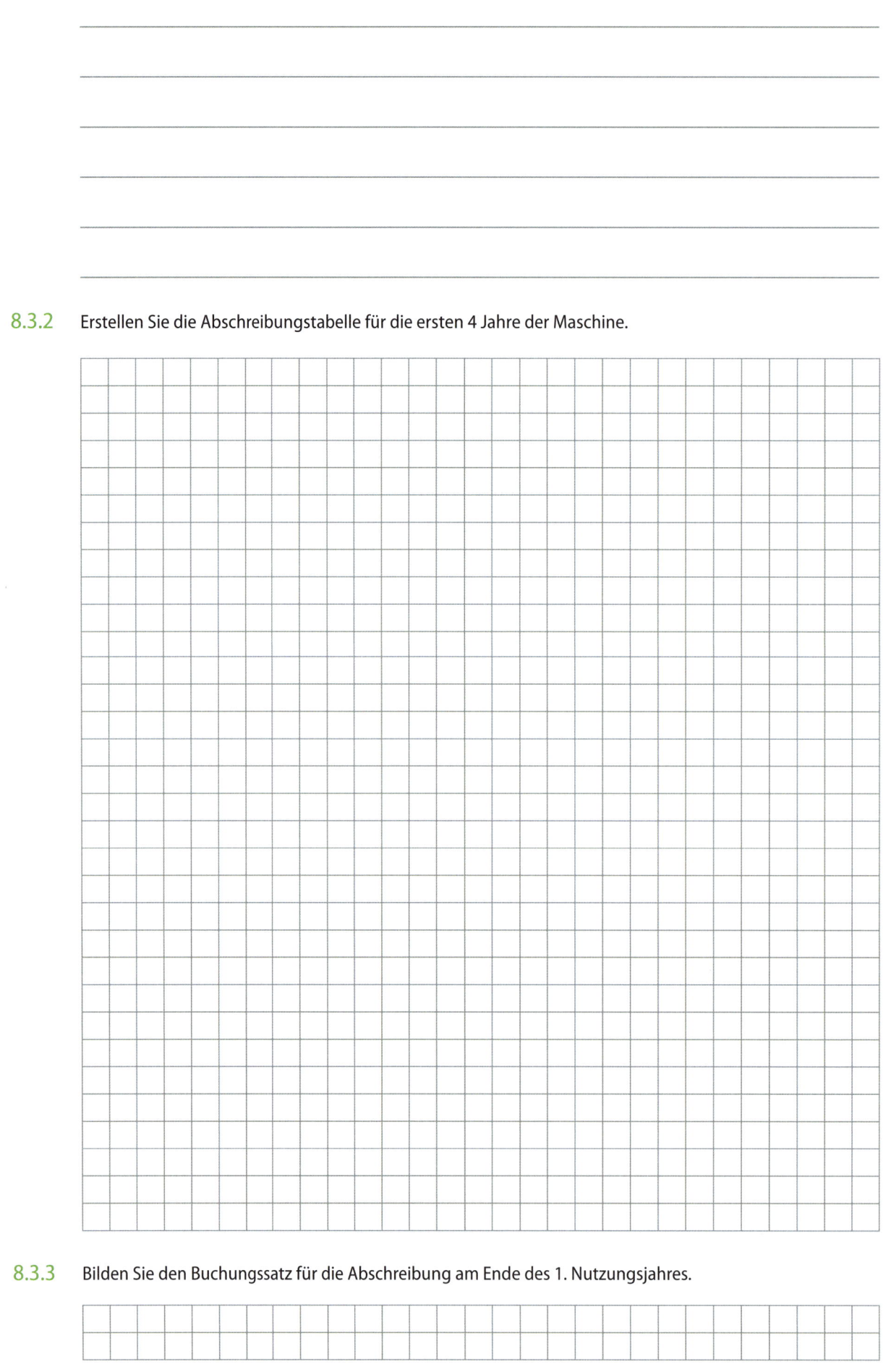

8.3.3 Bilden Sie den Buchungssatz für die Abschreibung am Ende des 1. Nutzungsjahres.

9 Im Laufe des Geschäftsjahres wurden weitere Anlagegüter bei RTM Bikes GmbH angeschafft:

	Lkw	Firmenwagen	Produktionsmaschine
Anschaffungszeitpunkt	12.03.20..	28.05.20..	?
Anschaffungskosten (netto)	34.020,00 €	13.500,00 €	78.300,00 €
Nutzungsdauer	9 Jahre	6 Jahre	4 Jahre

9.1 Berechnen Sie für den Lkw den Restbuchwert am Ende des 2. Nutzungsjahres.

9.2 Bilden Sie den Buchungssatz zur Abschreibung des Lkws am Ende des 2. Nutzungsjahres.

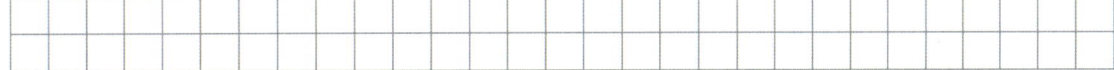

9.3 Bilden Sie den Buchungssatz zur Abschreibung des Firmenwagens am Ende seines letzten Nutzungsjahres, wenn er anschließend noch weiterhin genutzt wird.

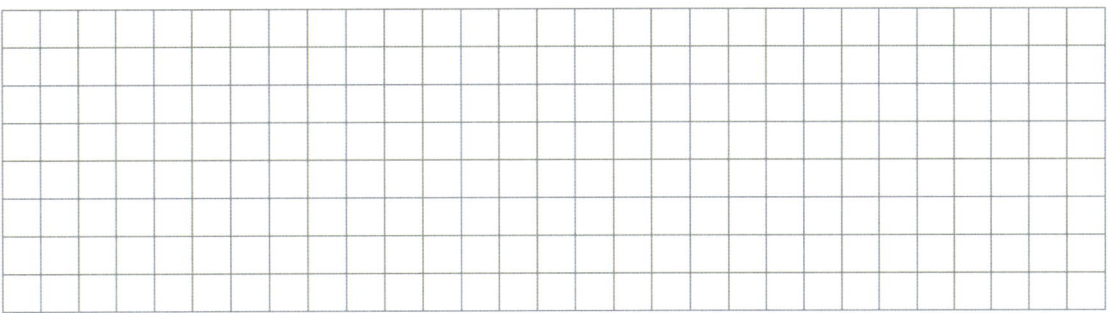

9.4 Ermitteln Sie den Anschaffungsmonat der Maschine, wenn für die Abschreibung dieser am Ende des 1. Nutzungsjahres der folgende Buchungssatz gebildet wurde:

6520 ABSA	an	0700 MA	3.262,50 €

10 Neben verschiedenen hochwertigen Anlagegütern wurden im Unternehmen RTM Bikes GmbH zudem noch geringwertige Wirtschaftsgüter gegen sofortige Barzahlung angeschafft:

	Multifunktionsdrucker	Aktenschrank	Drehstuhl
Anschaffungszeitpunkt	14.06.20..	01.09.20..	03.12.20..
Anschaffungskosten (netto)	550,00 €	270,00 €	332,00 €

10.1 Zeichnen Sie das Konto 0890 GWG und tragen Sie die Informationen aus der Tabelle ein.

10.2 Geben Sie die Nutzungsdauer von geringwertigen Wirtschaftsgütern an.

10.3 Bilden Sie den Buchungssatz für die Abschreibung der geringwertigen Wirtschaftsgüter unter der Annahme, dass keine weiteren als die in der Tabelle genannten Güter erworben wurden.

10.4 Tragen Sie den Buchungssatz zur Abschreibung in das T-Konto aus Aufgabe 10.3 ein. Schließen Sie das Konto anschließend ordnungsgemäß ab.

11 **Abschreibungen bringen für das Unternehmen Vorteile mit sich.**

11.1 Prüfen Sie den folgenden Text zum Thema Kapitalfreisetzungseffekt auf Fehler. Markieren Sie dazu alle gefundenen Fehler und halten Sie die jeweilige Verbesserung auf der Linie darunter fest.

Bei der Produktion fallen verschiedenste Erträge an, die mindestens durch den Verkaufspreis gedeckt werden

müssen. Die meisten davon verursachen Zahlungen, die das Unternehmen z. B. an Lieferanten oder die Mit-

arbeiter leisten muss. Ein Teil der durch den Einkauf eingenommenen Erlöse wird daher direkt für die Be-

gleichung derartiger Zahlungen verwendet. Auch Rohstoffaufwendungen zählen zu Aufwendungen, die in

die Verkaufspreise eingerechnet werden. Diese Aufwendungen gehen jedoch mit keinen Zahlungen einher, sodass die dafür in die Verkaufspreise eingerechneten Anteile im Unternehmen verbleiben. Das so freige-

setzte Anlagevermögen kann z. B. für Investitionen genutzt werden.

11.2 Erläutern Sie, weshalb durch Abschreibungen für das Unternehmen eine Steuerersparnis entsteht.

12 RTM Bikes GmbH befindet sich im 4. Geschäftsjahr. Im Verlauf der Jahre wurden verschiedene Investitionen getätigt.

12.1 Damit der Betrieb erfolgreich ist, werden bei Investitionen auch ökonomische Ziele verfolgt. Investitionen, die gezielt derartige Ziele verfolgen, lassen sich in folgende Arten unterscheiden:
- Gründungs- und Errichtungsinvestition
- Ersatzinvestition
- Erweiterungsinvestition
- Rationalisierungsinvestition
- Diversifikationsinvestition

Benennen und begründen Sie, welche Art der Investition in den folgenden Beispielen jeweils vorliegt.

12.1.1 Im 3. und 4. Geschäftsjahr wurden neue Mitarbeiter in der Produktion und in der Verwaltung eingestellt.

12.1.2 Bei der Gründung hat RTM Bikes GmbH zwei neue Maschinen beschafft.

_____

_____

_____

_____

_____

_____

12.1.3 Im 3. Geschäftsjahr wurde eine Fertigungsmaschine durch eine neue, gleichartige Maschine ersetzt.

_____

_____

_____

_____

_____

12.1.4 Im 4. Geschäftsjahr ersetzt RTM Bikes GmbH die veraltete, analog gesteuerte Maschine durch eine neue. Diese kann nun digital gesteuert werden.

_____

_____

_____

_____

_____

12.1.5 RTM Bikes GmbH möchte die Fertigung um eine neue Produktlinie erweitern. Zu deren Herstellung wird extra eine neue Maschine angeschafft.

_____

_____

_____

_____

_____

12.2 Neben den ökonomischen Zielen beachtet RTM Bikes GmbH auch soziale Ziele, die auf der Homepage nachzulesen sind:

Die RTM Bikes GmbH ist nun im 4. Geschäftsjahr. Wir sind uns der sozialen Verantwortung bewusst, die Unternehmen in der Gesellschaft erfüllen. Unser unternehmerisches Handeln haben wir deshalb danach ausgerichtet.

Unsere Mitarbeiterinnen und Mitarbeiter arbeiten an modernen Arbeitsplätzen, die ergonomische Vorgaben beachten. Für die Pausen stehen angenehm temperierte und optisch ansprechend gestaltete Räume inklusive Küche zur Verfügung. In einer neu angelegten Grünfläche kann die Pause auch in Ruhe verbracht werden. Die Fertigungshalle ist so konzipiert, dass die Lärm- und Schadstoffbelastung für die dort arbeitenden Mitarbeiterinnen und Mitarbeiter so gering wie möglich ist. Selbstverständlich stellen wir zudem moderne und hochwertige Sicherheitskleidung zur Verfügung. So können wir auch in der Lackiererei höchste Sicherheitsstandards gewährleisten.

Fortbildungswünschen unserer Mitarbeiterinnen und Mitarbeiter stehen wir aufgeschlossen gegenüber. Lohn- und Gehaltszahlungen halten sich an Tarifverträge, Weihnachtsgeld und eine Gewinnbeteiligung gewähren wir ebenfalls. Im 4. Geschäftsjahr bieten wir zum ersten Mal einen Ausbildungsplatz im kaufmännischen Bereich und einen weiteren in der Fertigung an. Derzeit prüfen wir die Kriterien für die Einrichtung eines Betriebskindergartens.

Seit drei Jahren unterstützen wir den örtlichen Tennisverein durch regelmäßige Spenden, in dem sich einige Mitarbeiterinnen und Mitarbeiter als Trainer engagieren. Unsere Kantine liefert das Essen zum Selbstkostenpreis für die Sommercamps des Vereins. Einige Mitarbeiterinnen und Mitarbeiter sind zudem in der örtlichen Feuerwehr aktiv. Sollten sie einen Einsatz während ihrer Arbeitszeit haben, werden sie umgehend freigestellt. Wir fördern schließlich ehrenamtliches Engagement!

Erläutern Sie zunächst allgemein die beiden Ausprägungen von sozialen Zielen und ordnen Sie diesen anschließend konkrete Beispiele aus dem Text zu.

Ausprägung	Soziale Investition für die Mitarbeiter	Soziale Investition für die Gesellschaft
Erläuterung		
Beispiele		

13 Um verschiedene Investitionsmöglichkeiten miteinander vergleichen zu können, wird häufig die sogenannte Kostenvergleichsrechnung herangezogen.

13.1 Unterscheiden Sie zwischen variablen Kosten und fixen Kosten. Geben Sie dabei jeweils auch ein passendes Beispiel an.

_____

_____

_____

_____

13.2 Bei RTM Bikes GmbH soll eine neue Telefonanlage angeschafft werden. Entscheiden Sie mithilfe der Kostenvergleichsrechnung, für welches der beiden Angebote sich das Unternehmen entscheiden sollte.

	Angebot 1 Telestar 2.0	Angebot 2 Hallophone X3
Anschaffungskosten	22.362,00 €	19.800,00 €
Nutzungsdauer bei linearer Abschreibung	6 Jahre	6 Jahre
Strom	4.500,00 €	5.280,00 €
Wartungskosten	2.500,00 €	2.200,00 €
Sonstige Fixkosten	930,00 €	890,00 €

14 Nach einem erfolgreichen Geschäftsjahr stehen dem Unternehmen finanzielle Mittel für eine Investition in eine neue Maschine zur Verfügung. Dazu wurden nun zwei verschiedene Angebote eingeholt:

	Angebot 1 Super 3000	Angebot 2 Lackfix 4000
Anschaffungskosten	98.000,00 €	125.000,00 €
Nutzungsdauer	16 Jahre	16 Jahre
Produktionsmenge	29.500 Stück pro Jahr	33.000 Stück pro Jahr
Kalkulatorischer Zinssatz	4 %	4 %
Gewinn je Stück	1,33 €	1,40 €

14.1 Erklären Sie den Begriff „Amortisation".

14.2 Entscheiden Sie mithilfe eines Verfahrens der Amortisationsrechnung, welche Maschine beschafft werden soll.

15 Die Geschäftsführung von RTM Bikes GmbH möchte sich einen Überblick über die allgemeine wirtschaftliche Situation verschaffen und hat deshalb verschiedene Bilanzposten sowie deren Werte gesammelt:

0500 GR 300.000,00 € • 0530 BVG 250.000,00 € • 4250 LBKV 430.000,00 € •

2800 BK 220.000,00 € • 0700 MA 100.000,00 € • 4400 VE 140.000,00 € •

2880 KA 5.000,00 € • 4200 KBKV 112.500,00 €

15.1 Berechnen Sie aus den gegebenen Posten die Summe des gesamten Anlagevermögens, Umlaufvermögens und Fremdkapitals.

15.2 Berechnen Sie das Eigenkapital von RTM Bikes GmbH. Erstellen Sie anschließend aus Ihren Ergebnissen aus 15.1 und 15.2 eine allgemeine Bilanz zum 01.01.20..

15.3 Berechnen Sie die Eigenkapitalquote und beurteilen Sie diese (die durchschnittliche Eigenkapitalquote in Deutschland liegt bei ca. 20 %), indem Sie drei Vorteile einer hohen Eigenkapitalquote nennen.

15.4 Erläutern Sie die Goldene Finanzierungsregel.

16 | Bilden Sie die Buchungssätze zu den folgenden Geschäftsvorfällen.

16.1

Allfinanzbank Rosenheim Hauptstr. 7, 83022 Rosenheim				IBAN: DE74 7384 0000 0514 3273 14
Vorgang	**Buchungstag**	**Wertstellung**	**Soll [€]**	**Haben [€]**
① Zinsen Festgeld	10.03.20..	10.03.20..		26,00
② Kredit (Laufzeit 4 Monate), Disagio 1 %	14.03.20..	14.03.20..		32.175,00
③ Kontoführungsgebühren	30.03.20..	30.03.20..	4,50	
Kontostand	**31.03.20..**			**– 14.800,00**

InntalTex e. K. – Hauptstr. 27 – 83022 Rosenheim

①
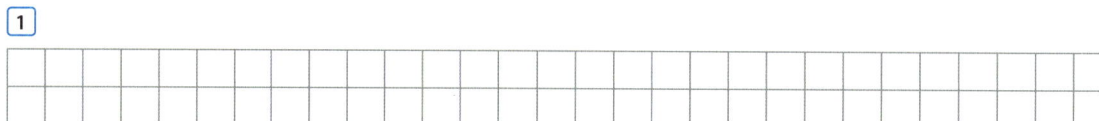

②
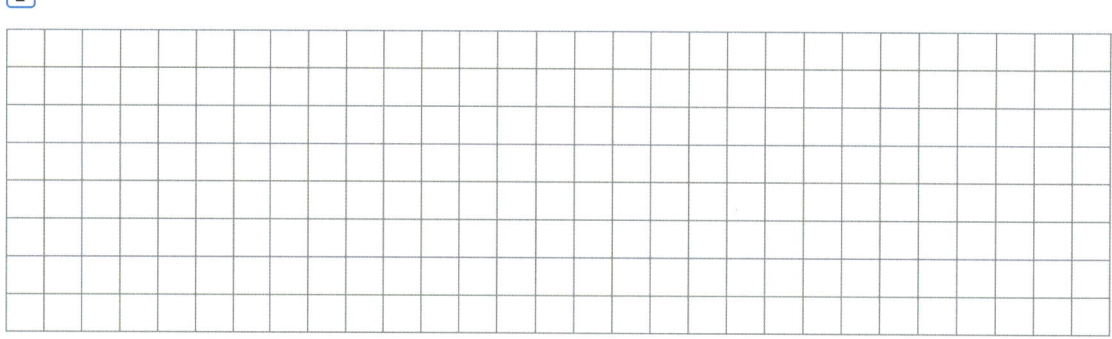

③
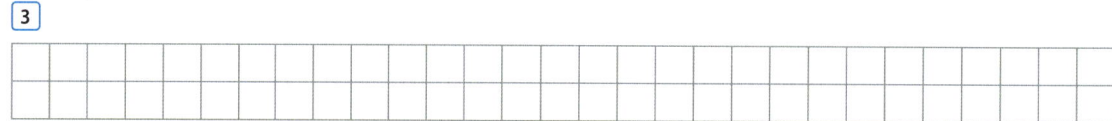

16.2 Rückzahlung eines Kredits und der Zinsen per Banküberweisung (Kreditbetrag 65.000,00 €, Laufzeit 1,5 Jahre, Zinssatz 2,80 % p. a.).

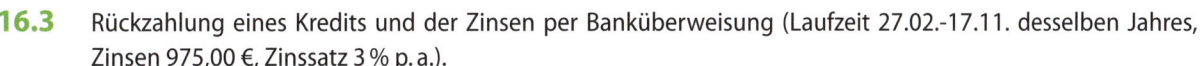

16.3 Rückzahlung eines Kredits und der Zinsen per Banküberweisung (Laufzeit 27.02.-17.11. desselben Jahres, Zinsen 975,00 €, Zinssatz 3 % p. a.).

17 Im Unternehmen RTM Bikes GmbH soll die Produktion um eine neue Produktionslinie erweitert werden. Dafür benötigt das Unternehmen jedoch eine neue Fertigungsmaschine, wofür ein Kredit in Höhe von 230.000,00 € aufgenommen werden muss. Dazu liegen RTM Bikes GmbH zwei unterschiedliche Kreditangebote vor:

	Sparfuchsbank	Investmentbank
Kreditbetrag	230.000,00 €	230.000,00 €
Laufzeit	10 Jahre	15 Jahre
Zinssatz	1,12 % p. a.	1,35 % p. a.
Disagio	2,3 %	1,5 %

Das Disagio wird bei beiden Banken vor Kreditauszahlung einbehalten.

17.1 Entscheiden Sie rechnerisch, für welches Kreditangebot sich RTM Bikes GmbH entscheiden sollte.

17.2 Bilden Sie den Buchungssatz für die Bankgutschrift des in 17.1 ausgewählten Kredits.

Bei RTM Bikes GmbH liegt folgende Ausgangsrechnung vor.

RTM Bikes GmbH – Bergstr. 7 – 92507 Nabburg

Radladen Rabe
Hoher Markstein 10
97631 Bad Königshofen

RTM Bikes GmbH
Bergstr. 7
92507 Nabburg
Tel.: 09433-151183
Fax: 09433-151184

Rechnung
Kundennummer: 6588

Datum: **16.05.20..**	Rechnungs-Nr.: **9874**	USt-IdNr.: **DE 988356219**

Artikelnr.	Einheit	Ware	Einzelpreis	Gesamtpreis
M5687	14 Stck.	Mountainbike Herren	730,00 €	10.220,00 €
C1347	10 Stck.	Citybike	320,00 €	3.200,00 €
T9512	12 Stck.	Trekkingrad Damen	690,00 €	8.280,00 €

Warenwert (netto)	21.700,00 €
– Rabatt	1.700,00 €
= Zwischensumme	20.000,00 €
+ Umsatzsteuer 19 %	3.800,00 €
Rechnungsbetrag	**23.800,00 €**

Vielen Dank für Ihren Auftrag. Bei Zahlung innerhalb von 8 Tagen gewähren wir 2 % Skonto, innerhalb von 30 Tagen rein netto. Lieferdatum entspricht Rechnungsdatum.

RTM Bikes GmbH	Naabbank Nabburg	Handelsregister
Bergstr. 7	IBAN: DE82 5454 2000 8533 6542 44	HRB 978234
92507 Nabburg	BIC: GENODEFISWB	Amtsgericht Amberg

18.1 Bilden Sie den Buchungssatz zum Beleg.

18.2 Die RTM Bikes GmbH nimmt die Dienste eines Factors in Anspruch.

18.2.1 Erklären Sie den Begriff Factoring und begründen Sie, weshalb Unternehmen diese Dienstleistung in Anspruch nehmen.

18.2.2 Bei RTM Bikes GmbH wird Factoring als Fullservice-Factoring in Anspruch genommen. Erläutern Sie die Funktionen von Fullservice-Factoring.

_____

_____

_____

_____

_____

_____

_____

_____

_____

_____

_____

_____

_____

_____

_____

18.2.3 Die Kunden von RTM Bikes GmbH wissen, dass sie die Forderungen an einen Factor zahlen. Geben Sie den Fachbegriff dafür an.

_____

18.2.4 Der Geschäftsführer von RTM Bikes GmbH ist mit einem bekannten Unternehmer ins Gespräch gekommen. Dieser lehnt Factoring ab. Nennen Sie je drei Vor- und Nachteile von Factoring.

_____

_____

_____

_____

_____

_____

_____

_____

_____

_____

_____

_____

_____

_____

_____

_____

_____

_____

_____

18.3 Bilden Sie den Buchungssatz für den Rechnungsausgleich der Ausgangsrechnung (Aufgabe 18) innerhalb der Skontofrist.

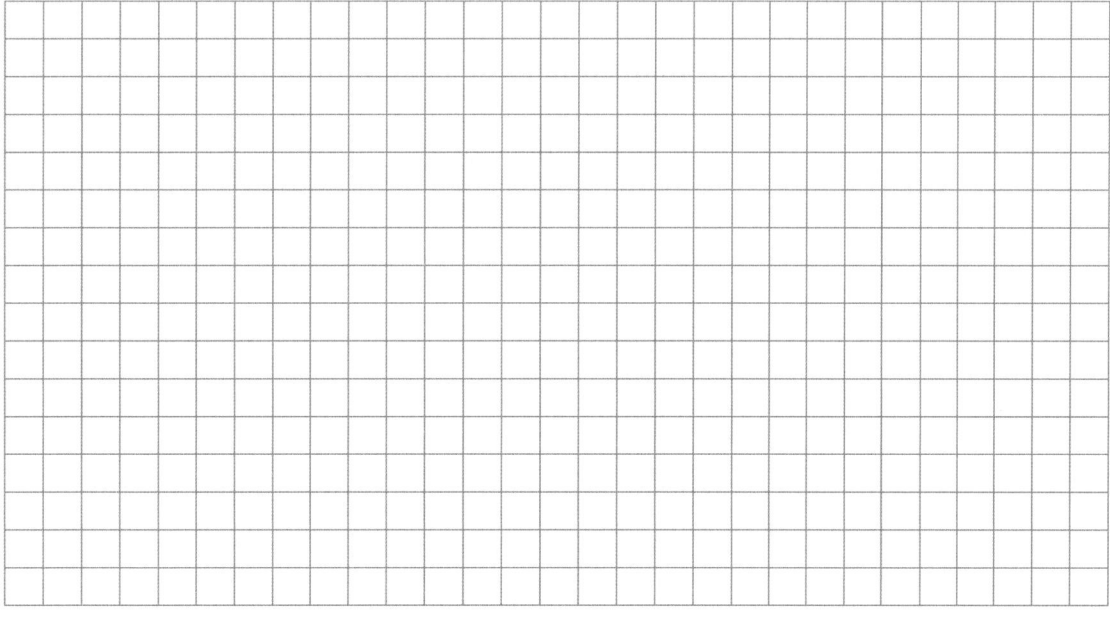

19 Bei RTM Bikes GmbH geht eine Rohstoffrechnung in Höhe von 35.700,00 € brutto ein. Zahlungsziel 30 Tage, Skonto 1,5 % bei Zahlung innerhalb von 10 Tagen.

19.1 Erklären Sie den Begriff Lieferantenkredit.

19.2 Die Rohstoffrechnung soll innerhalb der Skontofrist gezahlt werden. Leider ist RTM Bikes GmbH dafür gerade nicht liquide genug, sodass in Erwägung gezogen wird, für die Ausnutzung des Skontos einen Kontokorrentkredit (Zinssatz 15 % p. a.) bei der Bank zu nutzen.

19.2.1 Begründen Sie rechnerisch, dass es sich lohnt, den Kontokorrentkredit zur Begleichung der Rechnung innerhalb der Skontofrist in Anspruch zu nehmen.

19.2.2 Bilden Sie den Buchungssatz für die Überweisung der Rohstoffrechnung innerhalb der Skontofrist.

20 Ein Darlehen wird als Abzahlungsdarlehen aufgenommen. Dem Kreditvertrag sind diese Daten entnommen:

Kreditbetrag 104.000,00 € • Laufzeit 8 Jahre • Zinssatz 3,2 % p. a.

20.1 Der Tilgungsplan für das Darlehen ist leider lückenhaft. Berechnen Sie die fehlenden Beträge.

		Jahr 1	Jahr 2	Jahr 3	Jahr 4	Jahr 5
	Zinsen		2.912,00 €		2.080,00 €	1.664,00 €
+	Tilgung		13.000,00 €	13.000,00 €	13.000,00 €	13.000,00 €
	Annuität	16.328,00 €	15.912,00 €	15.496,00 €	15.080,00 €	14.664,00 €
	Kreditbetrag Restschuld Vorjahr	104.000,00 €	91.000,00 €	78.000,00 €	65.000,00 €	52.000,00 €
–	Tilgung	13.000,00 €	13.000,00 €	13.000,00 €	13.000,00 €	13.000,00 €
	Restschuld		78.000,00 €	65.000,00 €	52.000,00 €	39.000,00 €

		Jahr 6	Jahr 7	Jahr 8	Summe
	Zinsen	1.248,00 €	832,00 €	416,00 €	**14.976,00 €**
+	Tilgung	13.000,00 €	13.000,00 €	13.000,00 €	
	Annuität	14.248,00 €	13.832,00 €	13.416,00 €	**118.976,00 €**
	Kreditbetrag Restschuld Vorjahr	39.000,00 €	26.000,00 €	13.000,00 €	
–	Tilgung	13.000,00 €	13.000,00 €	13.000,00 €	
	Restschuld	26.000,00 €	13.000,00 €	0,00 €	

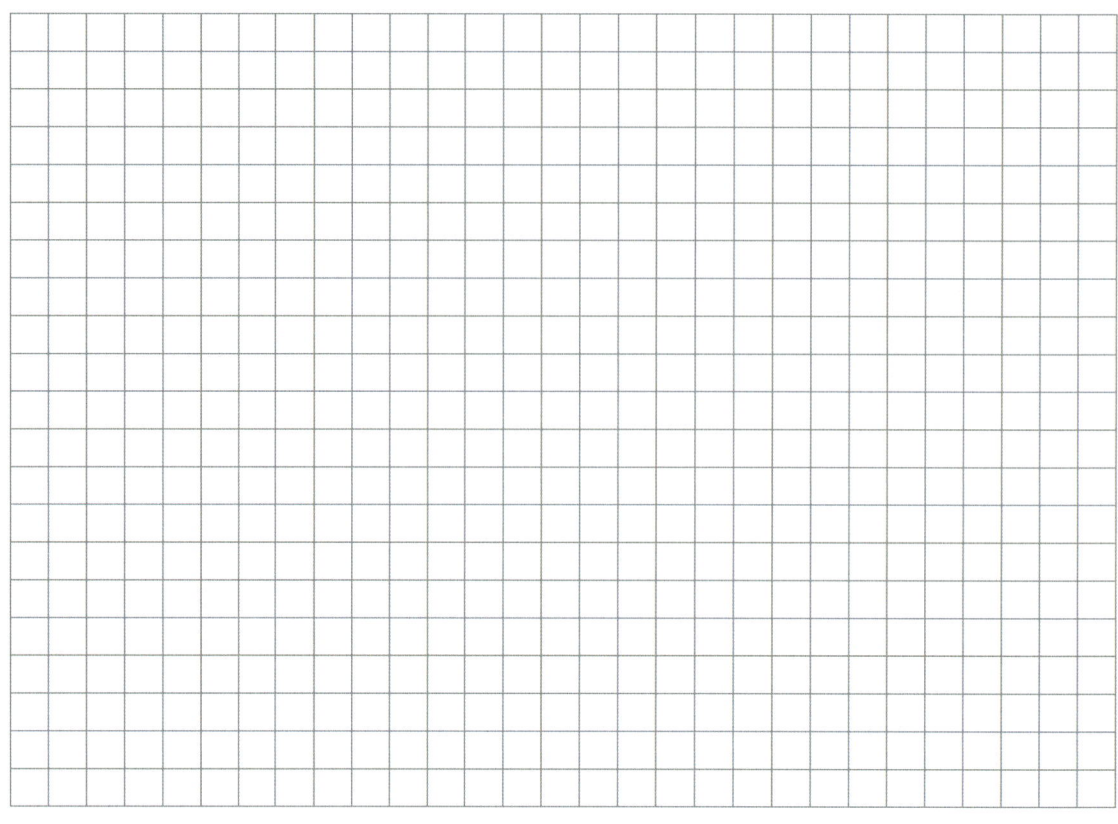

20.2 Das Darlehen für den Kauf des angrenzenden Grundstücks wurde aufgenommen. Dafür musste eine Kreditsicherheit hinterlegt werden. Erläutern Sie zwei Arten der Kreditsicherung, die hierfür in Frage kommen.

_____

_____

_____

_____

_____

_____

_____

_____

_____

_____

_____

_____

21 Unterscheiden Sie zwischen Kontokorrent- und Dispositionskredit.

22 Nennen und erläutern Sie die verschiedenen Arten von Leasing.

23 Erklären Sie den Begriff der Thesaurierung.

24 Unterscheiden Sie zwischen dem Jahreszinssatz (p. a.) und dem effektiven Zinssatz.

_____

_____

_____

25 Die ideale Geldanlage verfügt über eine hohe Rentabilität, Liquidität und Sicherheit. Alle drei Ziele in einer einzigen Geldanlage verwirklicht gibt es aber leider nicht. Ordnen Sie der jeweiligen Geldanlagebeschreibung (25.1–25.7) die richtigen Begriffe (A) – (G) zu.

25.1 Diese Anlagenform dient dem Zahlungsverkehr. Das bedeutet, dass der Kontoinhaber oder ein Bevollmächtigter jederzeit über den gesamten Betrag des Kontos, entweder als Barabhebung oder in Form einer Überweisung, verfügen kann.

A Termineinlagen

25.2 Diese Art der Anlageform kann relativ wertstabil sein, bringt aber keinerlei Verzinsung mit sich. Zudem besteht ein Währungsrisiko, wenn der Wert des Euros steigt.

B Gold

25.3 Diese Form der Sichteinlage ist in der Regel zwar verzinst, jedoch relativ gering. Dafür kann zu jeder Zeit über das gesamte Guthaben verfügt werden, ohne es vorher innerhalb einer bestimmten Frist der Bank mitteilen zu müssen.

C Kündigungsgelder

25.4 Diese Art der Anlageform bietet die Chance auf eine hohe Rendite. Es besteht jedoch auch ein hohes Risiko, dass durch schnelle Preisschwankungen die Anlage einen Verlust erzielt.

D Kontokorrentkonto

25.5 Die Sicherheit ist hoch und je länger das Geld angelegt wird, desto höher ist auch die Rendite. Allerdings kann der Geldanleger über den relativ lang angelegten Zeitraum nicht über sein Geld verfügen.

E Tagesgelder

25.6 Diese Art der Anlageform behält in der Regel seinen Wert, kann aber durchaus Schwankungen unterliegen. Beim Verkauf kann daher entweder ein Verlust oder ein Gewinn entstehen. Durch den eher komplizierteren Verkaufsvorgang ist die Liquidität eher schlecht. Auch Leerstand kann ein Problem sein.

F Immobilien

25.7 Hier ist die Liquidität nicht gut, da der Anleger ohne rechtzeitige Kündigung nicht über sein Geld verfügen kann.

G Aktien

26 Bilden Sie die Buchungssätze zu den Geschäftsvorfällen ① bis ③:

Hinweis: Mieteinnahmen von Privatpersonen sind steuerfrei, die von Unternehmen hingegen werden mit 19 % besteuert.

Naabbank Nabburg Marktplatz 14, 92507 Nabburg			IBAN: DE82 5454 2000 8533 6542 44	
Vorgang	**Buchungstag**	**Wertstellung**	**Soll [€]**	**Haben [€]**
① Depotgebühren	31.03.20..	01.04.20..	20,00	
② Verpachtung eines Gartengrundstücks an Familie Gerstreiter	01.04.20..	02.04.20..		140,00
③ Miete Büroräume an die Firma TenTax, Bergstr. 9	02.04.20..	03.04.20..		2.427,60
Kontostand	**03.04.20..**			**75.020,40**
RTM Bikes GmbH – Bergstr. 7 – 92507 Nabburg				

①

②

③

27 Bearbeiten Sie die Aufgaben zu folgendem T-Konto:

S	5710 ZE	H
	① 2800 BK	1.700,00 €
	② 2800 BK	126,75 €
	③ 2800 BK	211,75 €

27.1 Berechnen Sie, wie lange RTM Bikes GmbH sein Geld bei der Bank zu einem Zinssatz von 1,25 % p. a. anlegen muss, damit sich bei einer Geldanlage von 120.000,00 € der Zinsertrag ① ergibt.

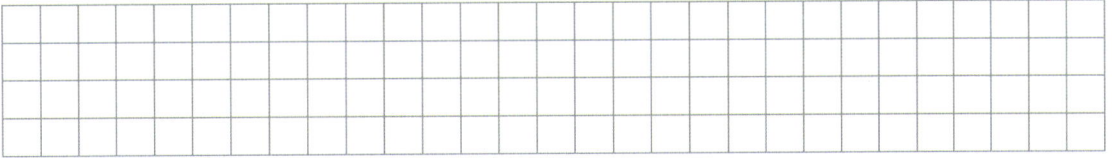

27.2 Berechnen Sie die Höhe des Kapitals, das RTM Bikes GmbH bei der Bank angelegt hat, wenn sie nach 130 Tagen bei einem Zinssatz von 0,65 % p. a. den Zinsertrag ☐2☐ gutgeschrieben bekommen hat.

27.3 Berechnen Sie den Zinssatz p. a., den RTM Bikes GmbH bei Zinsgutschrift ☐3☐ für die Geldeinlage in Höhe von 42.000,00 € und einer Laufzeit von 330 Tagen zugrunde liegt.

27.4 Formulieren Sie den Geschäftsvorfall zur Eintragung ☐1☐.

27.5 Bilden Sie den Buchungssatz zur Eintragung ☐1☐.

27.6 Schließen Sie das Konto 5710 ZE ordnungsgemäß ab und bilden Sie den Buchungssatz.

28 Eine Aktiengesellschaft (AG) kann sich Kapital beschaffen, indem das Unternehmen eigene Aktien ausgibt und diese an Anleger verkauft. Das Geld, mit dem der Anleger die Aktie gekauft hat, steht dem Unternehmen als Eigenkapital zur Verfügung. Ergänzen Sie die Lücken mithilfe der korrekten Begriffe aus dem Wortspeicher.

> Aufsichtsrat • eine Stimme • Vorstand • Mitsprache • Kurswert • Bulle • 50 • Dividende •
> Deutscher Aktienindex • Aktienchart • Marktkapitalisierung • Vorzugsaktien • keine •
> Basisaktien • Auskunftsrecht • ausgegebenen Aktien • Stammaktien • Börsenmakler • Bär •
> Dow Jones Index • 40 • Stier • Hauptversammlung • Aktienhandels • Jahresversammlung

Aktionäre sind nicht direkt an der Geschäftsführung beteiligt. Sie nehmen einmal im Jahr an der _____

_____ der Aktiengesellschaft teil, wo wichtige Entscheidungen getroffen werden.

Pro Aktie, die sich im Besitz des Aktionärs befindet, hat er _____ .

Des Weiteren haben Aktionäre das Recht auf _____ (= Teil des Gewinns, der je Aktie ausge-

schüttet wird). Auf der Hauptversammlung muss der Vorstand die Fragen der Aktionäre beantworten

(= _____). Die Aktionäre wählen den _____ des Unter-

nehmens, der den _____ wählt und diesen überwacht.

Bei der Ausgabe von Aktien kann eine Aktiengesellschaft entweder _____ oder _

_____ verkaufen. Besitzer einer Vorzugsaktie haben _____ Stimme auf

der Hauptversammlung. Sie werden aber dafür bei der Dividendenzahlung bevorzugt behandelt.

Die Börse ist vor allem wegen ihres _____ bekannt. Zuständig für die Abwicklung

von Geschäften an der Börse sind _____ . Die Kursänderungen werden als steigen-

de (Symbol siehe Bild: _____) bzw. fallende (Symbol siehe Bild: _____) Linie in einem

_____ grafisch dargestellt.

Der aktuelle Wert einer Aktiengesellschaft kann berechnet

werden, indem man die Anzahl der _____

_____ mit dem aktuellen _____

einer Aktie multipliziert. Man nennt diesen Wert die _____

_____ des Unternehmens.

Der DAX (= _____) ist ein Index der _____ größten Aktien-

gesellschaften in Deutschland. Der international bekannteste Aktienindex ist der _____

_____ an der New Yorker Börse.

29 Vor einiger Zeit hat RTM Bikes GmbH 550 der Baer AG Aktien gekauft. Dazu wurde folgender Buchungssatz gebildet:

1500 WP	an	2800 BK	29.130,42 €

29.1 Erklären Sie im Zusammenhang mit dem Kauf der Aktien, was man unter „Aktivierung der Anschaffungs-
kosten" versteht.

_____

_____

_____

29.2 Berechnen Sie, zu welchem Stückkurs RTM Bikes GmbH die Aktien erworben hat. Es wurden Spesen in Höhe von 1 % berechnet.

29.3 Bilden Sie den Buchungssatz für die Belastung des Kontos mit Depotgebühren in Höhe von 30,00 €.

29.4 Es liegt folgendes T-Konto vor:

S	5780 DDE	H
	2800 BK	330,00 €

29.4.1 Ermitteln Sie die Dividende pro Aktie der Baer AG.

29.4.2 Formulieren Sie den Geschäftsvorfall zur Eintragung im Konto 5780 DDE.

29.4.3 Bilden Sie den Buchungssatz zur Eintragung im Konto 5780 DDE.

29.4.4 Schließen Sie das Konto 5780 DDE ordnungsgemäß ab und bilden Sie den Buchungssatz.

30 Thorsten Staller möchte die 550 Aktien der Baer AG (Banklastschrift 29.130,42 €) nun verkaufen und verfolgt deshalb täglich die Aktienkurse im Internet.

Aktie	Kurs heute	Veränderung zum Vortag	Zeit
Brauner & Kugel AG	489,09	+ 3,45	01.04.
Baer AG	53,23	− 0,73	01.04.
Clear AG	27,22	− 0,32	01.04.
Draber und Draber AG	97,46	+ 0.09	01.04.

30.1 Bilden Sie den Buchungssatz, wenn Thorsten Staller die Baer AG Aktien am 01.04.20.. zum gegebenen Kurs verkaufen würde. Die Bank verlangt 1 % Spesen für die Abwicklung.

30.2 Bilden Sie den Buchungssatz, wenn Thorsten Staller die Baer AG Aktien am Vortag verkauft hätte. Die Bank verlangt 1 % Spesen für die Abwicklung.

30.3 Ermitteln Sie den notwendigen Stückkurs der Baer AG Aktien, wenn Thorsten Staller mit deren Verkauf einen Gewinn von mind. 1.000,00 € erzielen möchte und die Bank 1% Spesen verlangt.

31 Im Unternehmen RTM Bikes GmbH fällt Herrn Staller bei der Überprüfung der Zahlungseingänge auf, dass der Zweiradhändler „Zimmermann e. K." eine bereits fällige Rechnung noch nicht beglichen hat. Er hat sich diesbezüglich schon bei seiner Steuerberaterin erkundigt und folgende Antwort erhalten.

MAIL		
	Von	steuerkanzlei-roth@online.de
	An	staller@rtm-bikes.de
	Datum	04.05.20..
	Betreff	Aw: Rechtsfrage zu Zahlungsverzug eines Kunden

Sehr geehrter Herr Staller,

bezugnehmend auf Ihre Anfrage hinsichtlich der zum 15.03.20.. fälligen Rechnung Ihres Kunden „Zimmermann e. K." in Höhe von 5.433,54 € können wir Ihnen folgende Empfehlung geben:

1. **Mahnung schreiben:** Schicken Sie dem Kunden eine Zahlungserinnerung. Legen Sie ein neues Zahlungsziel mit Datum fest. Dieses sollte maximal 14 Tage in der Zukunft liegen.
2. **Mahngebühren berechnen:** Berechnen Sie eine angemessene Aufwandsentschädigung für die Bearbeitung. Anerkannt und gerichtlich durchsetzbar sind zwischen 2,50 € und 10,00 €.
3. **Verzugszinsen berechnen:** Nach § 288 BGB beträgt der Aufschlag für den Verzugszinssatz 5,00 % p.a. (bei Privatpersonen) und 9,00 % p.a. (bei Geschäftskunden) über dem gültigen Basiszinssatz. Seit dem 01.01.2021 liegt ein Basiszinssatz von – 0,88 % vor.

Ich hoffe Ihnen mit dieser Antwort weitergeholfen zu haben.

Mit freundlichen Grüßen
Sabine Roth

31.1 Benennen Sie das Datum, ab dem Kunde Zimmermann e. K. in Verzug geraten ist und ab dem somit Verzugszinsen in Rechnung gestellt werden können.

31.2 Begründen Sie rechnerisch, dass sich für den Kunden Zimmermann e. K. ein Verzugszinssatz von 8,12 % p. a. ergibt.

31.3 Nach der Rücksprache mit der Steuerberaterin verschickt RTM Bikes GmbH eine Mahnung an den Kunden Zimmermann e. K. mit Verzugszinsen in Höhe von 8,12 % p. a. für 50 Tage zuzüglich 5,00 € Mahngebühren.

31.3.1 Berechnen Sie die Höhe der Verzugszinsen und die neue Gesamtforderung.

31.3.2 Die Verzugszinsen und Mahngebühren werden dem Kunden in Rechnung gestellt. Bilden Sie den Buchungssatz.

31.3.3 Aus dem Internet entnimmt Thorsten Staller, dass gegenüber dem Kunden Zimmermann e. K. ein Insolvenzverfahren eröffnet wurde. Bilden Sie den Buchungssatz.

31.4 Das Insolvenzverfahren kann vom Inhaber oder von einem Gläubiger beantragt werden. Ist genügend Insolvenzmasse vorhanden, wird es eröffnet. Ergänzen Sie die Lücken.

Der Insolvenzverwalter bittet alle Gläubiger, ihre _____ anzumelden. Nach der Sanierung/Liquidation des Unternehmens werden den Gläubigern ihre Forderungen _____ oder

_____ überwiesen. Es ist auch denkbar, dass die Forderung _____ ausfällt.

32 Nach Abschluss des Insolvenzverfahrens aus 31.3.3 erhält RTM Bikes GmbH folgendes Schreiben:

Sehr geehrter Herr Staller,

ich darf Sie bezüglich meiner Tätigkeit als Insolvenzverwalter (Bestellung gem. § 56 Abs. 1 InsO) auf folgende amtliche Bekanntmachung hinweisen:

> 127 IN 456/21. Im Insolvenzverfahren über das Vermögen der Firma **Zimmermann e. K.**, Keilhauerstr. 30, **92224 Amberg**, findet mit Zustimmung des Amtsgerichts Amberg die Schlussverteilung statt.

Ihre angemeldete Forderung gegenüber dem Zweiradhändler Zimmermann e. K. beträgt 5.499,82 €. Eine Insolvenzquote von 40 % wurde ermittelt. Die Überweisung auf Ihr angegebenes Bankkonto wurde bereits in Auftrag gegeben.

Mit freundlichen Grüßen

Prof. Dr. Siegfried Meister
Rechtsanwalt

32.1 Bilden Sie den Buchungssatz zum Beleg.

33 Erstellen Sie die Buchungssätze für folgende Geschäftsvorfälle bei RTM Bikes GmbH.

33.1 Wir erhalten einen Anruf der Fa. Rollsplit mit der Bitte um Zahlungsaufschub der Forderung in Höhe von 4.998,00 €.

33.2 Der Kunde Master Bike OHG überweist seine Rechnung in Höhe von 7.378,00 € bereits nach zwei Tagen, abzüglich 3 % Skonto.

33.3 Aus der Zeitung erfahren wir, dass über das Vermögen der Fa. Radl Store das Insolvenzverfahren eröffnet wurde. Unsere Forderung beträgt 6.652,10 €.

33.4 Die Forderung von Fa. Rollsplit (33.1) geht vollständig auf unserem Bankkonto ein.

33.5 Unser Kunde Herr van der Wind hat sich überraschend ins Ausland abgesetzt. Die Forderung in Höhe von 5.259,80 € ist verloren.

33.6 Wir entnehmen einem offiziellen Schreiben, dass eine als uneinbringlich gebuchte Forderung von 4.800,00 € (netto) nun doch zu 50 % beglichen wird. Noch am selben Tag geht die Zahlung auf unserem Bankkonto ein.

33.7 Wir erfahren, dass das Insolvenzverfahren über das Vermögen unseres Kunden Radldoktor mangels Masse abgelehnt wurde. Der Ausfall der bereits als zweifelhaft gebuchten Forderung beträgt 6.247,50 € brutto.

34 | Am Ende des Jahres sind die zweifelhaften sowie die einwandfreien Forderungen auf den wahrscheinlichen Zahlungsausfall hin zu bewerten. Bei der Einzelwertberichtigung werden die zweifelhaften Forderungen einzeln beurteilt (individuelles Ausfallrisiko). Aus der laufenden Buchung zu Kunde Fa. Radl Store (siehe Aufgabe 33.3) liegt folgende Eintragung im Konto 2470 ZWFO vor:

S		2470 ZWFO		H
…	…	…		…
…	…	…		…
…	…	…		…
2400 FO	6.652,10 €	…		

34.1 Der Ausfall der Forderung gegenüber Fa. Radl Store wird auf 60 % geschätzt. Berechnen Sie die Höhe der Einzelwertberichtigung (EWB).

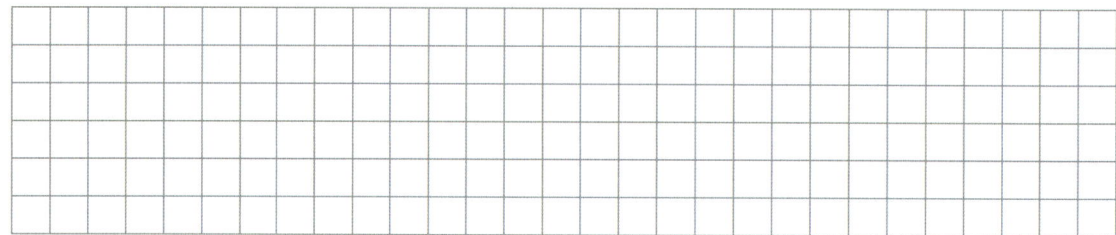

34.2 Erstellen Sie den Buchungssatz für die Bildung der Einzelwertberichtigung am Jahresende.

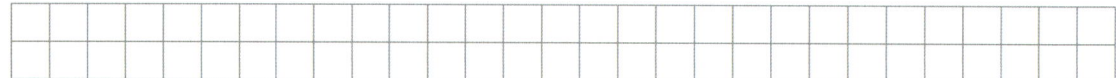

34.3 Bei der Pauschalwertberichtigung wird das allgemeine Ausfallrisiko für einwandfreie Forderungen bestimmt. Der Bestand im Konto Forderungen beträgt 678.300,00 €. Die rechnerisch ermittelte Pauschalwertberichtigung beträgt 1 %.

34.3.1 Berechnen Sie die Höhe der Pauschalwertberichtigung.

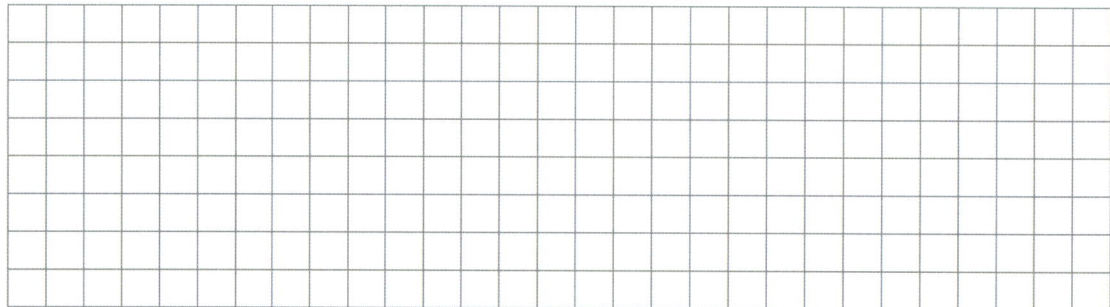

34.3.2 Erstellen Sie den Buchungssatz für die Bildung der Pauschalwertberechtigung am Jahresende.

Periodenrichtige Erfolgsermittlung und Rückstellungen

1   **Max Inntaler steht wie in jedem Jahr vor der sehr wichtigen Aufgabe, den Jahresabschluss für sein Unternehmen zu erstellen. Um sich die dafür relevanten Inhalte nochmals in Erinnerung zu rufen und so später möglichst fehlerfrei zu arbeiten, setzt er sich vorab noch einmal mit den theoretischen Grundlagen auseinander.**   ◄ Kap. 1.1

1.1   Ergänzen Sie die Lücken.

Die Notwendigkeit einer periodenrichtigen Erfolgsermittlung ergibt sich durch das _____

_____, kurz HGB. Dieses besagt unter anderem, dass ein Geschäftsjahr eines Unternehmens

_____ Monate nicht überschreiten darf. Ein Geschäftsjahr beginnt dabei meist am 1.1. und endet

am _____ eines Kalenderjahres. Im Laufe eines Geschäftsjahres fallen viele Geschäftsvorfälle an.

Dabei kommt es immer wieder vor, dass einige der Aufwendungen bzw. Erträge ganz oder teilweise das

nächste Geschäftsjahr betreffen. Diese Aufwendungen und Erträge werden auch als _____

_____ bezeichnet und müssen am Jahresende buchhalterisch dem korrekten Geschäftsjahr zugeord-

net werden.

Eine weitere gesetzliche Grundlage für die periodenrichtige Erfolgsermittlung stellt das _____

_____, kurz EStG, dar. Die GUV-Rechnung ermittelt dabei durch Gegenüberstellung aller

Aufwendungen und Erträge das Gesamtergebnis eines Unternehmens. Der im GUV-Konto ermittelte Rein-

gewinn stellt die Grundlage für die Berechnung der _____ eines Unternehmens dar.

Darüber hinaus bildet ein periodenrichtiger Jahresabschluss für den Unternehmer die Grundlage für

_____ Entscheidungen. Ein korrekter Jahresabschluss bildet dabei

beispielsweise eine wichtige Berechnungsgrundlage für die Kalkulation von _____

der Fertigerzeugnisse, da nur so die _____ eines Fertigerzeugnisses für die Kalkulation

richtig ermittelt werden können.

1.2 Nennen Sie die Fachbegriffe der drei wesentlichen Aspekte der periodenrichtigen Erfolgsermittlung, die im Lückentext erläutert sind.

_____

_____

Kap. 1.1.2 ➡ **2** Bilden Sie zu den folgenden Geschäftsvorfällen bei InntalTex e. K. den jeweiligen Buchungssatz und ordnen Sie diesen mindestens einen der folgenden Begriffe begründet zu: Ausgabe, Aufwand, Einnahme, Ertrag.

2.1 Firma InntalTex e. K. verkauft an ein Sportgeschäft Schneeanzüge in Höhe von 2.380,00 € brutto und erhält das Geld sofort per Banküberweisung.

Begründete Zuordnung:

_____

_____

_____

_____

2.2 Frau Schwarz kauft bei einer Spezialfirma beschichtete Knöpfe für die Fertigung in Höhe von 121,38 € brutto und bezahlt diese gleich bar.

Begründete Zuordnung:

_____

_____

_____

_____

2.3 Max Inntaler zahlt aus seinem Privatvermögen 500,00 € in die Firmenkasse ein.

Begründete Zuordnung:

_____

_____

← Kap. 1.1.3

3 Vervollständigen Sie die Zeitgeraden auf Basis der gegebenen Geschäftsvorfälle mit den korrekten Beträgen, Zeitangaben und Fachbegriffen.

3.1 Die Firma InntalTex e. K. überweist am 01.10. Versicherungsbeiträge in Höhe von 432,00 € für ein halbes Jahr im Voraus.

Gesamte Versicherungsbeiträge: _____ (komplett gezahlt im alten Jahr)

Bilanzstichtag 31.12.

Altes Jahr	Neues Jahr

Zeit

(_____ Monate) (_____ Monate)

NR: NR:

Anteil für das **alte** Geschäftsjahr: _____ Anteil für das **neue** Geschäftsjahr: _____

Dieser Anteil ist perioden_____. Dieser Anteil ist perioden_____.

3.2 InntalTex e. K. überweist am 01.11. vom Geschäftsbankkonto Darlehenszinsen an die KOMMABANK in Höhe von 1.758,00 € für ein Quartal im Voraus.

Gesamte Zinsen: _____ (komplett gezahlt im alten Jahr)

Bilanzstichtag 31.12.

Altes Jahr	Neues Jahr

Zeit

(_____ Monate) (_____ Monat)

NR: NR:

Anteil für das **alte** Geschäftsjahr: _____ Anteil für das **neue** Geschäftsjahr: _____

Dieser Anteil ist perioden_____. Dieser Anteil ist perioden_____.

← Kap. 1.1.4

4 Erstellen Sie für die Eintragungen im Kontoauszug der Firma InntalTex e. K. jeweils eine eigene Zeitgerade, um die Beträge am 31.12. auf das alte und das neue Geschäftsjahr zu verteilen.

Allfinanzbank Rosenheim
Hauptstr. 7, 83022 Rosenheim

IBAN: DE74 7384 0000 0514 3273 14

Vorgang	Buchungstag	Wertstellung	Soll [€]	Haben [€]
1 Überweisung Grundsteuer am 1.11. für 12 Monate	01.11.20..	01.11.20..	3.036,00	
2 Zinsen Festgeldkonto (November bis Januar)	01.11.20..	01.11.20..		261,00
Kontostand	**01.11.20..**			**544.560,00**

InntalTex e. K. – Hauptstr. 27 – 83022 Rosenheim

1

2

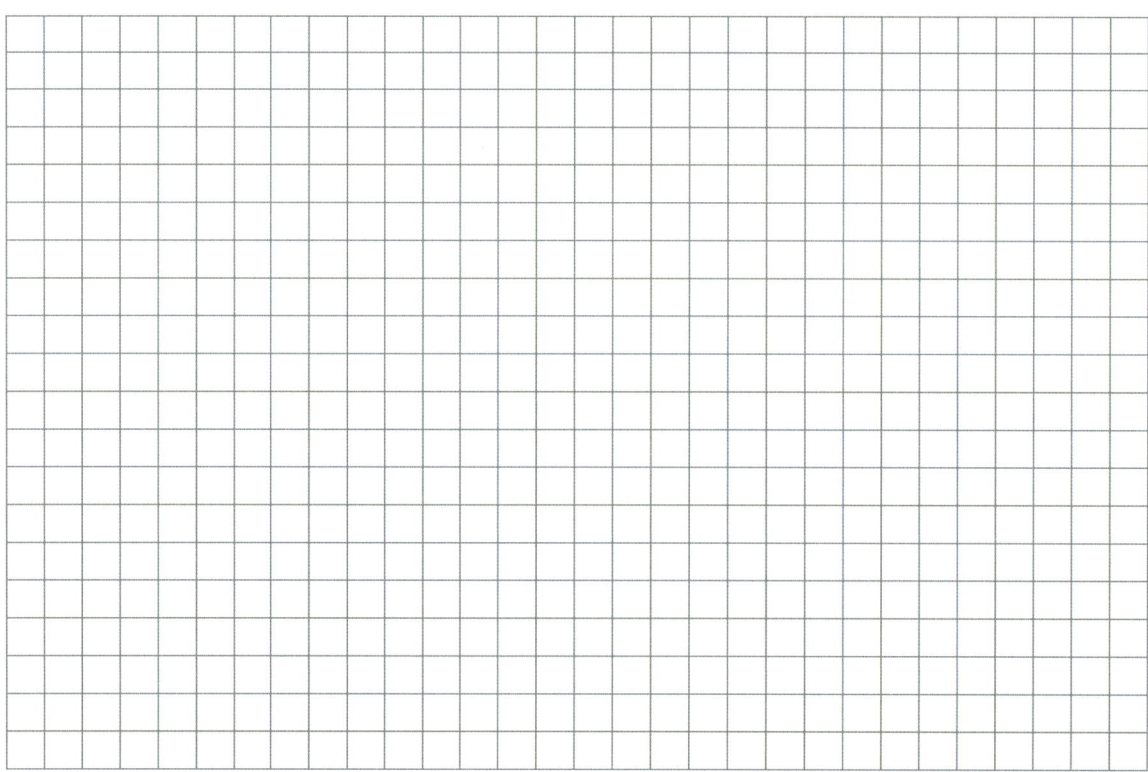

5 Die Firma InntalTex e. K. überweist am 01.12. vom Geschäftsbankkonto die Kraftfahrzeugsteuer für den gesamten Fuhrpark in Höhe von 3.492,00 € für ein Jahr im Voraus.

5.1 Stellen Sie den Geschäftsvorfall in einer aussagekräftigen Zeitgeraden dar.

5.2 Bilden Sie den Buchungssatz für die laufende Buchung am 01.12.

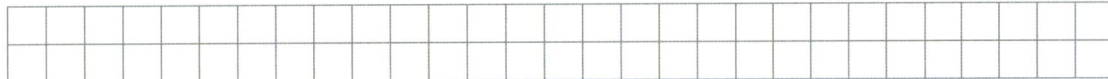

5.3 Bilden Sie den Buchungssatz zur Vorabschlussbuchung am 31.12.

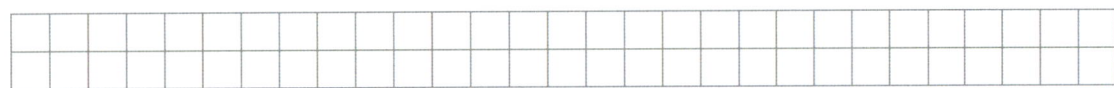

5.4 Bilden Sie den Buchungssatz für den Abschluss …

5.4.1 … des Aufwandskontos zum 31.12. unter der Annahme, dass das Konto keine weiteren Eintragungen als die aus 5.2 und 5.3 aufweist.

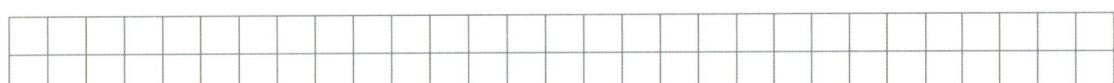

5.4.2 … des Rechnungsabgrenzungskontos zum 31.12. unter der Annahme, dass das Konto keine weitere Eintragung als die aus 5.3 aufweist.

5.5 Bilden Sie den Buchungssatz für das erfolgswirksame Auflösen der Rechnungsabgrenzung im neuen Jahr.

6 Die Firma InntalTex e.K. überweist am 01.11. vom Geschäftsbankkonto Versicherungsbeiträge an die Landesversicherung in Höhe von 1.038,00 € für ein halbes Jahr im Voraus.

6.1 Stellen Sie den Geschäftsvorfall in einer aussagekräftigen Zeitgeraden dar.

6.2 Bilden Sie den Buchungssatz zur laufenden Buchung am 01.11.

6.3 Bilden Sie den Buchungssatz zur Vorabschlussbuchung am 31.12.

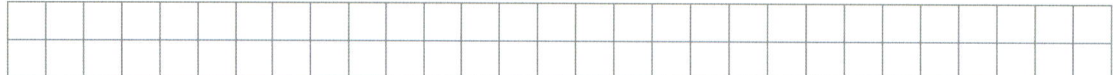

6.4 Bilden Sie den Buchungssatz für den Abschluss …

6.4.1 … des Aufwandskontos zum 31.12. unter der Annahme, dass das Konto keine weiteren Eintragungen als die aus 6.2 und 6.3 aufweist.

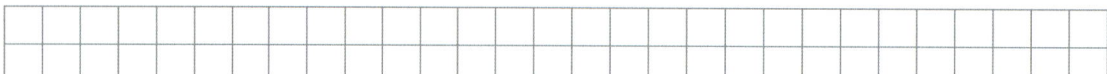

6.4.2 … des Rechnungsabgrenzungskontos zum 31.12. unter der Annahme, dass das Konto keine weitere Eintragung als die aus 6.3 aufweist.

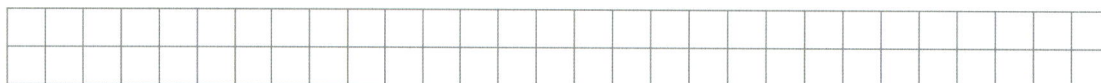

6.5 Bilden Sie den Buchungssatz für das erfolgswirksame Auflösen der Rechnungsabgrenzung im neuen Jahr.

7 Bei der Firma InntalTex e. K. gehen am 01.11. Sparzinsen in Höhe von 144,00 € für ein Quartal im Voraus auf dem Geschäftsbankkonto ein.

7.1 Stellen Sie den Geschäftsvorfall in einer aussagekräftigen Zeitgeraden dar.

7.2 Bilden Sie den Buchungssatz zur laufenden Buchung am 01.11.

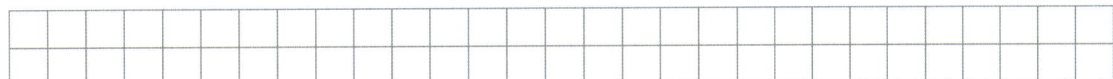

7.3 Bilden Sie den Buchungssatz zur Vorabschlussbuchung am 31.12.

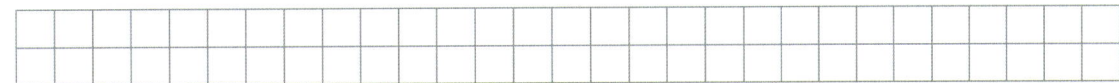

7.4 Bilden Sie den Buchungssatz für den Abschluss …

7.4.1 … des Ertragskontos zum 31.12. unter der Annahme, dass das Konto keine weiteren Eintragungen als die aus 7.2 und 7.3 aufweist.

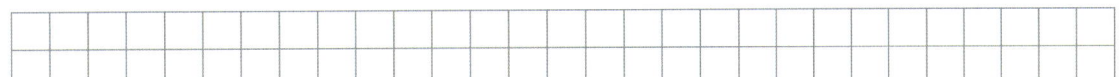

7.4.2 ... des Rechnungsabgrenzungskontos zum 31.12. unter der Annahme, dass das Konto keine weitere Eintragung als die aus 7.3 aufweist.

7.5 Bilden Sie den Buchungssatz für das erfolgswirksame Auflösen der Rechnungsabgrenzung im neuen Jahr.

8 Die Firma InntalTex e. K. überweist am 01.11. vertragsgemäß 1.713,60 € brutto für gemietete Stellplätze für ein halbes Jahr im Voraus.

8.1 Stellen Sie den Geschäftsvorfall in einer aussagekräftigen Zeitgeraden dar.

8.2 Bilden Sie den Buchungssatz zur laufenden Buchung am 01.11.

8.3 Bilden Sie den Buchungssatz zur Vorabschlussbuchung am 31.12.

8.4 Bilden Sie den Buchungssatz für den Abschluss …

8.4.1 … des Aufwandskontos zum 31.12. unter der Annahme, dass das Konto keine weiteren Eintragungen als die aus 8.2 und 8.3 aufweist.

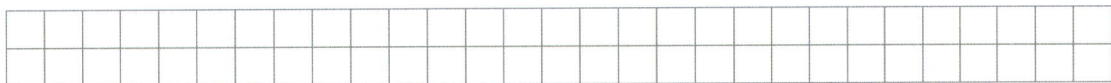

8.4.2 … des Rechnungsabgrenzungskontos zum 31.12. unter der Annahme, dass das Konto keine weitere Eintragung als die aus 8.3 aufweist.

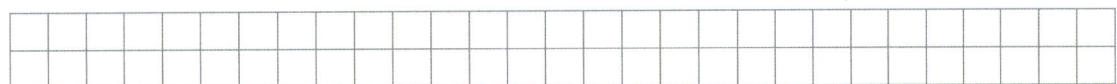

8.5 Bilden Sie den Buchungssatz für das erfolgswirksame Auflösen der Rechnungsabgrenzung im neuen Jahr.

9 Am 01.11. erhält die Firma InntalTex e. K. per Banküberweisung 749,70 € brutto für einen vermieteten Büroraum für ein Quartal im Voraus.

9.1 Stellen Sie den Geschäftsvorfall in einer aussagekräftigen Zeitgeraden dar.

9.2   Bilden Sie den Buchungssatz zur laufenden Buchung am 01.11.

9.3   Bilden Sie den Buchungssatz zur Vorabschlussbuchung am 31.12.

9.4   Bilden Sie den Buchungssatz für den Abschluss …

9.4.1   … des Ertragskontos zum 31.12. unter der Annahme, dass das Konto keine weiteren Eintragungen als die aus 9.2 und 9.3 aufweist.

9.4.2   … des Rechnungsabgrenzungskontos zum 31.12. unter der Annahme, dass das Konto keine weitere Eintragung als die aus 9.3 aufweist.

9.5   Bilden Sie den Buchungssatz für das erfolgswirksame Auflösen der Rechnungsabgrenzung im neuen Jahr.

10   **Am 31.12.20.. weist das Konto 7030 KFZST ausschließlich die folgenden Eintragungen auf:**

S	7030 KFZST		H
1 2800 BK	1.272,00 €	2 2900 ARA	424,00 €

10.1   Berechnen Sie die Höhe der periodenrichtigen Kfz-Steuer des aktuellen Geschäftsjahres.

10.2   Die Kfz-Steuer wurde für ein halbes Jahr im Voraus überwiesen (Konteneintragung 1). Benennen Sie den genauen Monat, in dem die Bezahlung erfolgte.

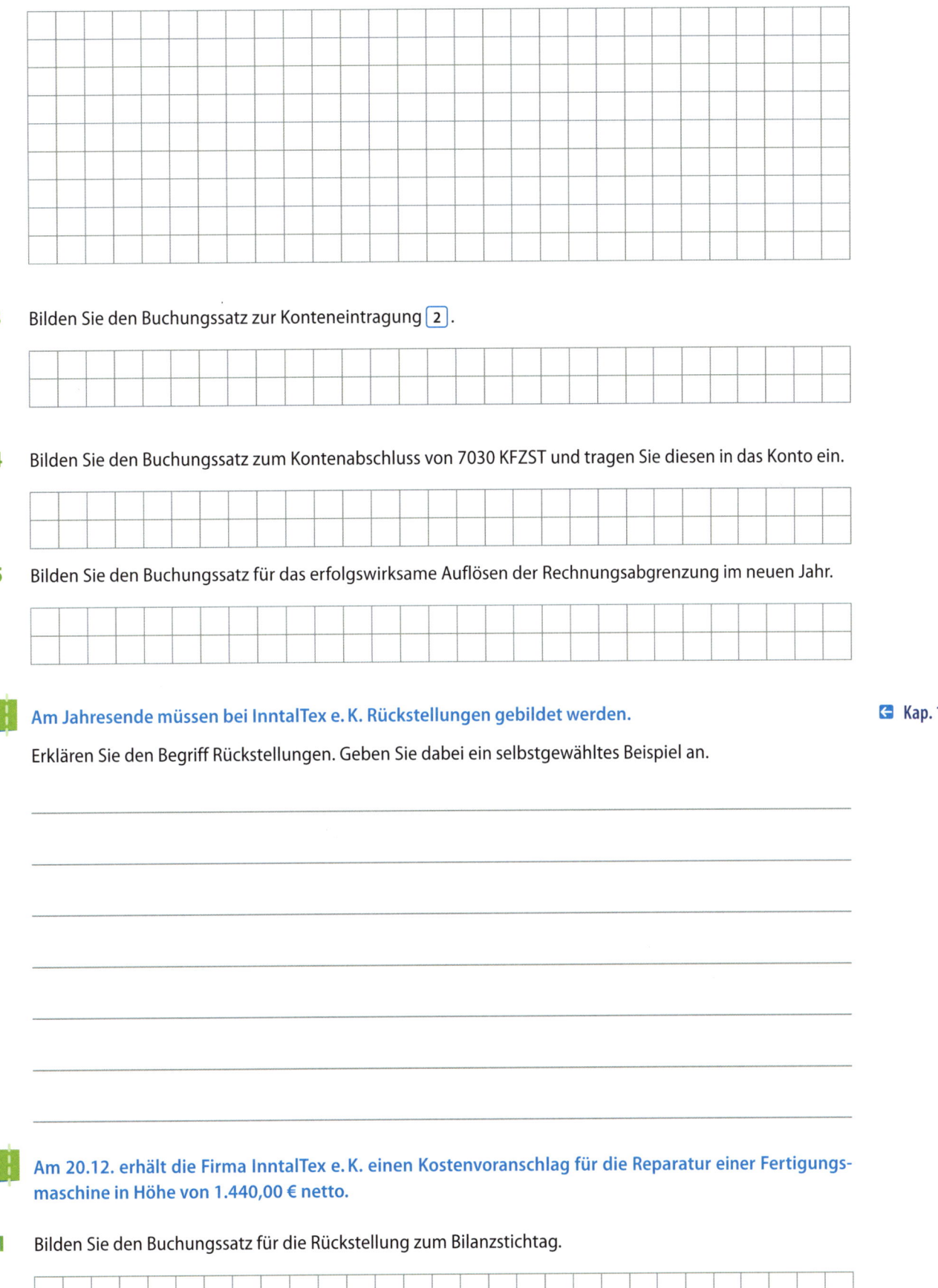

10.3 Bilden Sie den Buchungssatz zur Konteneintragung ②.

10.4 Bilden Sie den Buchungssatz zum Kontenabschluss von 7030 KFZST und tragen Sie diesen in das Konto ein.

10.5 Bilden Sie den Buchungssatz für das erfolgswirksame Auflösen der Rechnungsabgrenzung im neuen Jahr.

11 **Am Jahresende müssen bei InntalTex e. K. Rückstellungen gebildet werden.**   ◄ Kap. 1.2

Erklären Sie den Begriff Rückstellungen. Geben Sie dabei ein selbstgewähltes Beispiel an.

12 **Am 20.12. erhält die Firma InntalTex e. K. einen Kostenvoranschlag für die Reparatur einer Fertigungsmaschine in Höhe von 1.440,00 € netto.**

12.1 Bilden Sie den Buchungssatz für die Rückstellung zum Bilanzstichtag.

12.2 Bilden Sie die Buchungssätze für den Abschluss der Konten aus 12.1. Gehen Sie dabei davon aus, dass auf beiden Konten keine weiteren Eintragungen vorgenommen wurden.

12.3 Ende Januar des folgenden Jahres erhält die Firma InntalTex e. K. die tatsächliche Rechnung für die Reparatur der Fertigungsmaschine in genau der Höhe des Kostenvoranschlags. Bilden Sie den Buchungssatz für die sofortige Bezahlung der Rechnung per Banküberweisung.

13 Bei einem Schneesturm Mitte Dezember entstand am Dach des Firmengebäudes ein Sachschaden. Ein Dachdecker schickt uns nach einer Schadensprüfung folgenden Brief:

Bedachungen Hummel GmbH - Birkenweg 8 - 83022 Rosenheim

InntalTex e. K.
Hauptstr. 27
83022 Rosenheim

22.12.20..

Angebot
Sehr geehrter Herr Inntaler,

auf Basis unserer durchgeführten Schadensprüfung schätzen wir den Reparaturaufwand für Ihr Firmengebäude auf etwa 21.500,00 € (zzgl. MwSt).
Aufgrund unserer hohen Auftragslage können wir mit der notwendigen Reparatur jedoch erst ab dem 15.01. des neuen Jahres beginnen.

Mit freundlichen Grüßen
T. Hummel

13.1 Bilden Sie den Buchungssatz für die Rückstellung zum Bilanzstichtag.

13.2 Bilden Sie die Buchungssätze für den Abschluss der Konten aus 13.1. Gehen Sie dabei davon aus, dass auf beiden Konten keine weiteren Eintragungen vorgenommen wurden.

13.3 Der Dachdecker hat den Schaden am Firmengebäude am 15.01. des nächsten Jahres repariert. Die tatsächlichen Kosten der Reparatur belaufen sich laut Rechnung auf 27.608,00 € brutto. Bilden Sie den Buchungssatz.

14 Max Inntaler erhält am 14.12. von seiner Anwaltskanzlei einen Kostenvoranschlag über 2.200,00 € netto für einen laufenden Prozess. Die Gerichtsverhandlung findet Mitte Februar des nächsten Jahres statt.

14.1 Bilden Sie den Buchungssatz für die Rückstellung zum Bilanzstichtag.

14.2 Bilden Sie die Buchungssätze für den Abschluss der Konten aus 14.1. Gehen Sie dabei davon aus, dass auf beiden Konten keine weiteren Eintragungen vorgenommen wurden.

14.3 Max Inntaler erhält von seiner Anwaltskanzlei folgenden Brief:

Kanzlei Herber & Partner OHG, Hohenzollernstr. 3, 80331 München

Kanzlei Herber & Partner OHG
Hohenzollernstraße 3
80331 München
Telefon: 089-262086-0
Telefax: 089-262086-14
www.herber-kanzlei.de

InntalTex e. K.
Hauptstr. 27
83022 Rosenheim

14.02.20..

Rechnung

Sehr geehrter Herr Inntaler,

wir konnten den Prozess für Sie positiv abschließen und stellen Ihnen daher nur die Bearbeitungsgebühren (brutto) in Rechnung:
458,15 €
Die Details zur Rechnung sehen Sie auf Seite 2.

Mit freundlichen Grüßen

Karl Herber

Bilden Sie den Buchungssatz zur Rechnung.

14.4 Bilden Sie den Buchungssatz, wenn die Kanzlei InntalTex e. K. stattdessen 2.867,90 € brutto in Rechnung gestellt hätte.

15 Der Auszubildende bei InntalTex e. K. hat ein paar Buchungssätze erstellt und bittet nun Sie darum, diese auf Richtigkeit zu prüfen. Korrigieren Sie die erstellten Buchungssätze zu den gegebenen Geschäftsvorfällen, in dem Sie Fehlerhaftes markieren. Bilden Sie fehlerhafte Buchungssätze neu.

15.1 InntalTex e. K. überweist am 01.12. die Gewerbesteuer in Höhe von 600,00 € für sechs Monate im Voraus.

Buchungssatz zum 01.12.:

| 3900 RST | an | 7020 GRST | 500,00 € |

Korrektur:

15.2 Seit November ist Max Inntaler mit einem Konkurrenten in einem Rechtsstreit, der auch zum 31.12. noch ungeklärt ist. Die anfallenden Kosten schätzt der Rechtsberater von Herrn Inntaler auf 5.414,50 € brutto.

Buchungssatz zum 31.12.:

| 6770 RBK | an | 3900 RST | 5.414,50 € |

Korrektur:

15.3 Abschluss des Kontos 3900 RST am Bilanzstichtag (Saldo: 5.700,00 €).
Buchungssatz zum 31.12.:

| 3900 RST | an | 8020 GUV | 5.700,00 € |

Korrektur:

15.4 Zum Bilanzstichtag wurde für einen entstandenen Sturmschaden eine Rückstellung (22.800,00 €) gebildet. Nach der durchgeführten Reparatur geht bei InntalTex e. K. am 11.02. eine Rechnung in Höhe von 30.047,50 € ein.

Buchungssatz zum 11.02.:

3900 RST	22.800,00 €			
6990 PFAW	2.450,00 €			
2600 VORST	4.797,50 €	an	4400 VE	30.047,50 €

Korrektur:

Unternehmensabschluss und Auswertung

 Im Laufe des Geschäftsjahres wurden schon einige Geschäftsvorfälle (1 bis 23) in die jeweiligen T-Konten eingetragen. Führen Sie nun die abschließenden Aufgaben am Ende des Jahres durch. ◀ Kap. 2.1

Hinweis: Die Eintragungen 1 bis 23 stellen einen stark vereinfachten Geschäftsgang dar. Alle anderen Konten, wie auch die Konten 2600 VORST und 4800 UST, werden zur besseren Übersicht nicht aufgeführt. Die fehlenden Salden werden zur Erstellung der Schlussbilanz stattdessen am Ende angegeben.

S	6010 AWF		H
1 4400 VE	18.500,00 €	3 4400 VE	2.000,00 €

S	5000 UEFE		H
7 2400 FO	1.200,00 €	6 2400 FO	52.000,00 €

S	6011 BZKF		H

1 4400 VE	200,00 €	2 4400 VE	100,00 €

S	5001 EBFE		H
8 2400 FO	3.000,00 €		

S	6012 NF		H
		4 4400 VE	1.500,00 €

S	6950 ABFO		H
[11] 2400 FO	1.700,00 €		
[20] 3670 EWB	300,00 €		
[21] 3680 PWB	211,00 €		

S	6520 ABSA		H
[19] 0700 MA	45.000,00 €		

S	7510 ZAW		H
[16] 2800 BK	1.050,00 €		

S		6770 RBK			H
23	3900 RST	3.000,00 €			

S	8020 GUV	H

S		0700 MA			H
AB		222.500,00 €	19	6520 ABSA	45.000,00 €
10	4400 VE	24.000,00 €			

S	2000 R		H
AB	137.500,00 €	17 6000 AWR	14.500,00 €

S	2030 B		H
AB	123.200,00 €		
18 6030 AWB	25.000,00 €		

S	2800 BK		H
AB	195.000,00 €	5 4400 VE	11.900,00 €
9 2400 FO	29.750,00 €	13 3001 P	2.500,00 €
12 3001 P	10.000,00 €	15 4250 LBKV	35.000,00 €
14 4250 LBKV	75.000,00 €	16 7510 ZAW	1.050,00 €

S		2400 FO		H
AB	183.260,00 €	[7] 5000 UEFE,		
[6] 5000 UEFE,		4800 UST		1.428,00 €
4800 UST	61.880,00 €	[8] 5001 EBFE,		
		4800 UST		3.570,00 €
		[9] 2800 BK		29.750,00 €
		[11] 6950 ABFO,		
		4800 UST		2.023,00 €

S		4400 VE		H
[2] 6011 BZKF,		AB		310.000,00 €
2600 VORST	119,00 €	[1] 6010 AWF,		
[3] 6010 AWF,		6011 BZKF,		
2600 VORST	2.380,00 €	2600 VORST		22.253,00 €
[4] 6012 NF,		[10] 0700 MA,		
2600 VORST	1.785,00 €	2600 VORST		28.560,00 €
[5] 2800 BK	11.900,00 €	[22] 3900 RST,		
		2600 VORST		15.470,00 €

S		3001 P		H
[13] 2800 BK	2.500,00 €	[12] 2800 BK		10.000,00 €

S	3900 RST		H
[22] 4400 VE	13.000,00 €	AB	13.000,00 €
		[23] 6770 RBK	3.000,00 €

Hinweis: In der Realschule wird der Einfachheit halber der AB und SB nicht berücksichtigt. Hier gehen wir immer davon aus, dass es keinen Bestand aus dem Vorjahr gibt. AB und SB sind der Vollständigkeit halber dennoch aufgeführt. Es sind „ruhende Konten", die nur am Ende des Jahres berücksichtigt und entsprechend angepasst werden.

S	3670 EWB		H
8010 SBK	5.500,00 €	AB	5.200,00 €
		[20] 6950 ABFO	300,00 €
	5.500,00 €		5.500,00 €

S	3680 PWB		H
8010 SBK	1.751,00 €	AB	1.540,00 €
		[21] 6950 ABFO	211,00 €
	1.751,00 €		1.751,00 €

S	4250 LBKV		H
[15] 2800 BK	35.000,00 €	AB	430.000,00 €
		[14] 2800 BK	75.000,00 €

S	3000 EK		H
		AB	412.220,00 €

1.1 Nennen Sie die Art und Höhe der Bestandsveränderung,

1.1.1 … die im Konto 2000 R vorliegt.

_____

1.1.2 … die im Konto 2030 B vorliegt.

_____

1.2 Formulieren Sie den Geschäftsvorfall zur Eintragung 23 im Konto 3900 RST.

_____

_____

1.3 Schließen Sie die Unterkonten ordnungsgemäß ab und bilden Sie die Buchungssätze.

1.4   Abschluss der Erfolgskonten

1.4.1   Schließen Sie die Erfolgskonten ordnungsgemäß ab.

1.4.2   Übertragen Sie die Salden in das Konto 8020 GUV.

1.4.3   Bilden Sie jeweils den allgemeinen Buchungssatz für den Abschluss der Erfolgskonten.

1.5   Schließen Sie das Konto 8020 GUV ordnungsgemäß ab und bilden Sie den Buchungssatz.

1.6   Abschluss der Bestandskonten

1.6.1   Schließen Sie die Bestandskonten ordnungsgemäß ab.

1.6.2   Bilden Sie jeweils den allgemeinen Buchungssatz für den Abschluss der Bestandskonten.

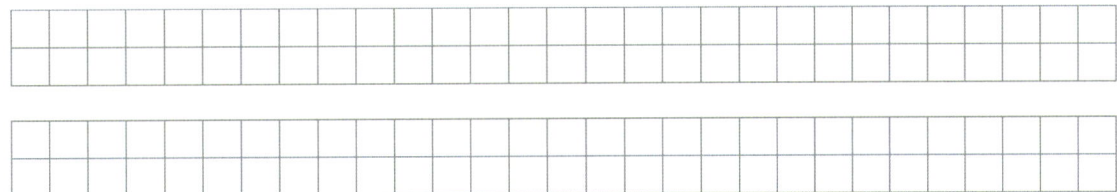

1.7   Erstellen Sie die Schlussbilanz. Dazu liegen Ihnen neben den T-Konten weitere Salden vor:

0500 GR 168.000,00 € • 0530 BVG 564.000,00 € • 0700 MA (siehe T-Konto) •

0840 FP 140.000,00 € • 0860 BM 95.000,00 € • 0870 BGA 78.000,00 € • 1500 WP 31.173,00 € •

2000 R (siehe T-Konto) • 2010 F 33.600,00 € • 2020 H 46.100,00 € • 2030 B (siehe T-Konto) •

2400 FO (siehe T-Konto) • 2470 ZWFO 21.000,00 € • 2600 VORST 6.726,00 € •

2800 BK (siehe T-Konto) • 2880 KA 21.500,00 € • 2900 ARA 5.400,00 € • 3000 EK 401.159,00 € •

3670 EWB (siehe T-Konto) • 3680 PWB (siehe T-Konto) • 3900 RST (siehe T-Konto) •

4200 KBKV 477.000,00 € • 4250 LBKV (siehe T-Konto) • 4400 VE (siehe T-Konto) •

4800 UST 8.759,00 € • 4830 VFA 15.200,00 € • 4840 VSV 400.000,00 € • 4900 PRA 8.400,00 €

Aktiva	**Bilanz zum 31.12.20..**	Passiva

Kap. 2.2 ➡ **2** Der Jahresabschluss dient nicht nur Thorsten Staller als Planungsinstrument. Begründen Sie jeweils, worin das Interesse des jeweiligen Adressaten am Jahresabschluss der Firma RTM Bikes GmbH besteht.

2.1 Mitarbeiter

_____

_____

_____

_____

_____

2.2 Lieferanten

_____

_____

_____

_____

_____

2.3 Öffentliche Stellen

_____

_____

_____

_____

_____

_____

2.4 Kapitalanleger

_____

_____

_____

_____

2.5 Banken

_____

_____

_____

_____

_____

3 Zur Auswertung des Jahresabschlusses wird das Unternehmen analysiert und die dabei ermittelten Kennzahlen ausgewertet. Der dafür notwendige Bilanzvergleich kann auf zwei unterschiedliche Arten erfolgen. Ergänzen Sie den Lückentext zu den beiden Vergleichsarten um die jeweiligen Fachbegriffe.

Die Kennzahlen können beispielsweise aus dem _____ Unternehmen und somit aus

den Abrechnungszeiträumen der Vorjahre stammen. Man spricht bei dieser Art von Bilanzvergleich von

einem _____ oder _____ bzw. innerbetrieblichen Vergleich.

Vergleicht man hingegen die Zahlen anderer Unternehmen der gleichen _____ mit

den eigenen, spricht man von einem _____ oder externen

bzw. _____ Vergleich.

4 Ordnen Sie die aufgelisteten Konten jeweils den entsprechenden Posten der aufbereiteten Bilanz zu. ⬅ Kap. 2.3.1

0840 FP • 0860 BM • 0870 BGA • 1500 WP • 2000 R • 2010 F • 2470 ZWFO • 2800 BK •

2900 ARA • 3670 EWB • 3900 RST • 4400 VE • 4900 PRA

Posten der aufbereiteten Bilanz	Konten
Anlagevermögen	
Vorräte	
Forderungen	
Flüssige Mittel	
kurzfristiges Fremdkapital	

5 Ihnen liegt untenstehende Bilanz zum 31.12. der Firma RTM Bikes GmbH vor. Bereiten Sie die Bilanz auf.

Aktiva	Bilanz zum 31.12.20..		Passiva
Anlagevermögen		**Eigenkapital**	
0500 GR	168.000,00 €	3000 EK	401.159,00 €
0530 BVG	564.000,00 €	**Fremdkapital**	
0700 MA	201.500,00 €	3670 EWB	5.500,00 €
0840 FP	140.000,00 €	3680 PWB	1.751,00 €
0860 BM	95.000,00 €	3900 RST	3.000,00 €
0870 BGA	78.000,00 €	4200 KBKV	477.000,00 €
1500 WP	31.173,00 €	4250 LBKV	470.000,00 €
Umlaufvermögen		4400 VE	360.099,00 €
2000 R	123.000,00 €	4800 UST	8.759,00 €
2010 F	33.600,00 €	4830 VFA	15.200,00 €
2020 H	46.100,00 €	4840 VSV	400.000,00 €
2030 B	148.200,00 €	4900 PRA	8.400,00 €
2400 FO	208.369,00 €		
2470 ZWFO	21.000,00 €		
2600 VORST	6.726,00 €		
2800 BK	259.300,00 €		
2880 KA	21.500,00 €		
2900 ARA	5.400,00 €		
	2.150.868,00 €		2.150.868,00 €

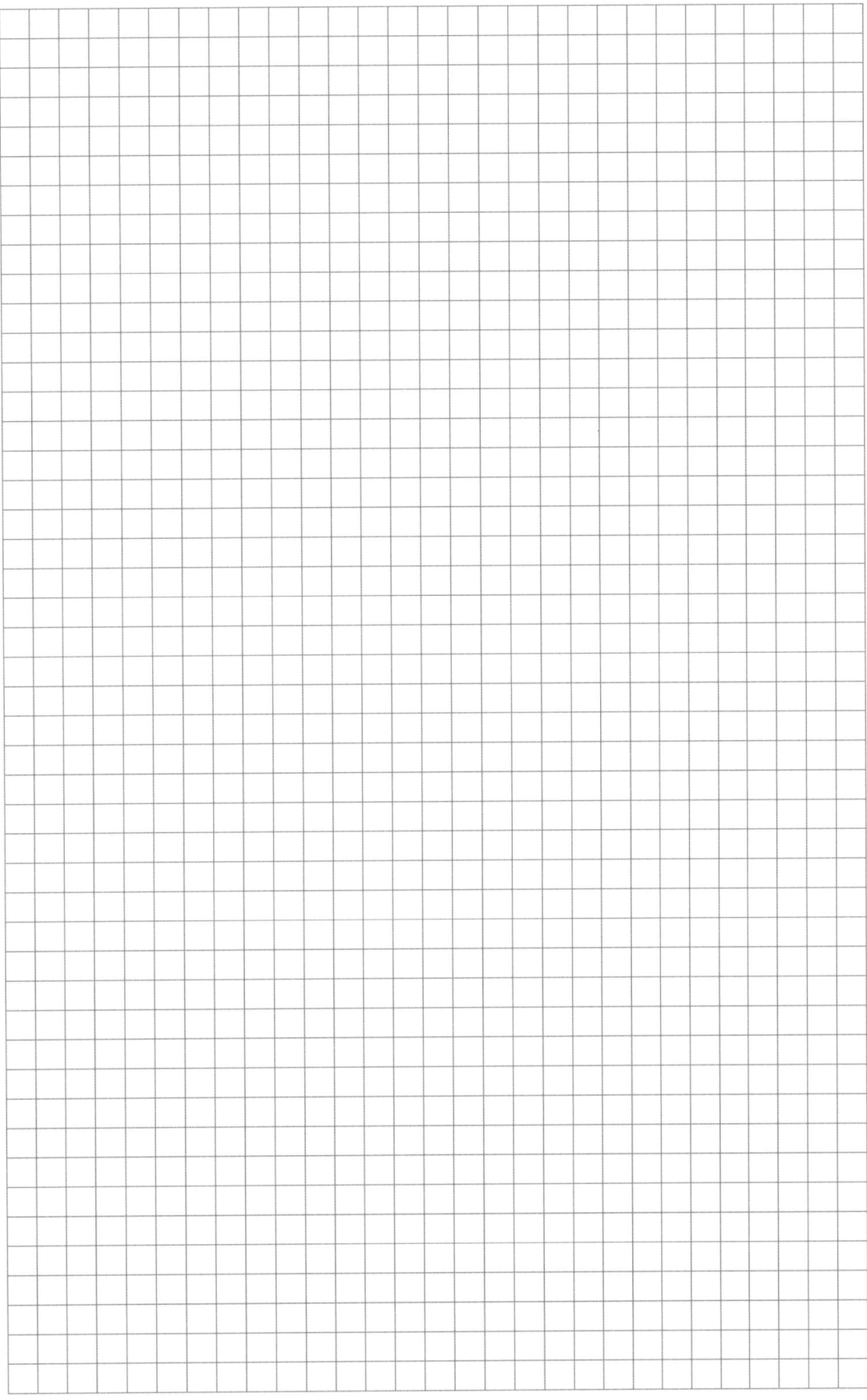

Betrachten Sie jeweils die Aufwendungen und Erträge aus verschiedenen Geschäftsjahren der Firma RTM Bikes GmbH.

6.1 Erstellen Sie die aufbereitete Gewinn- und Verlustrechnung für die Firma RTM Bikes GmbH und ermitteln Sie den Jahresüberschuss bzw. Jahresfehlbetrag in Staffelform.

Materialaufwand 207.000,00 € • Aufwendungen für bezogene Leistungen 80.000,00 € •

Personalaufwand 105.600,00 € • Abschreibungen auf Anlagevermögen 45.600,00 € • sonstige

betriebliche Aufwendungen 16.500,00 € • Zinsen und ähnliche Aufwendungen 6.900,00 € •

Steuern 5.150,00 € • Umsatzerlöse 509.960,00 € • sonstige betriebliche Erträge 4.990,00 € •

Zinsen und ähnliche Erträge 7.300,00 €

6.2 Erstellen Sie **für ein anderes Jahr** die aufbereitete Gewinn- und Verlustrechnung für die Firma RTM Bikes GmbH und ermitteln Sie den Jahresüberschuss bzw. Jahresfehlbetrag in Kontenform.

Materialaufwand 227.500,00 € • Aufwendungen für bezogene Leistungen 84.500,00 € •

Personalaufwand 124.540,00 • Abschreibungen 43.550,00 € • sonstige betriebliche

Aufwendungen 31.200,00 € • Zinsen und ähnliche Aufwendungen 10.530,00 € • Steuern 6.825,00 € •

Umsatzerlöse 498.368,00 € • sonstige betriebliche Erträge 5.057,00 € •

Zinsen und ähnliche Erträge 5.720,00 €

🡐 Kap. 2.4.1

7   Ihnen liegt folgende aufbereitete Bilanz vor:

Aktiva	aufbereitete Bilanz		Passiva
Anlagevermögen (AV)	1.277.673,00 €	**Eigenkapital (EK)**	401.159,00 €
Umlaufvermögen (UV)		**Fremdkapital (FK)**	
Vorräte	350.900,00 €	langfristiges FK	470.000,00 €
Forderungen	234.244,00 €	kurzfristiges FK	1.272.458,00 €
flüssige Mittel	280.800,00 €		
	2.143.617,00 €		2.143.617,00 €

7.1   Stellen Sie die allgemeine Formel zur Berechnung der Barliquidität auf.

7.2   Beschreiben Sie in drei Stichpunkten, worüber die Kennzahl der Barliquidität Auskunft gibt.

7.3 Ordnen Sie die Barliquidität begründet der vertikalen oder der horizontalen Bilanzanalyse zu.

_____

_____

_____

_____

_____

7.4 Berechnen und beurteilen Sie die Kennzahl der Barliquidität.

_____

_____

_____

_____

8 Aus dem Vorjahr liegen RTM Bikes GmbH folgende Werte der Konkurrenten vor:

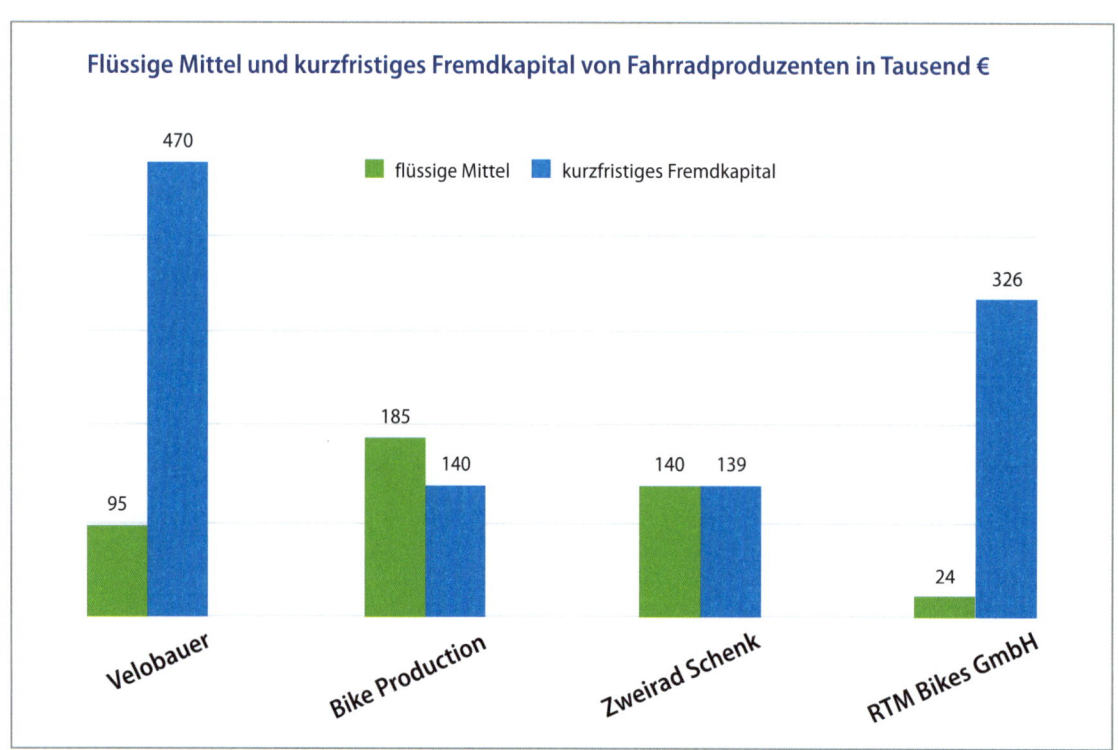

Flüssige Mittel und kurzfristiges Fremdkapital von Fahrradproduzenten in Tausend €

■ flüssige Mittel   ■ kurzfristiges Fremdkapital

Velobauer: 95, 470
Bike Production: 185, 140
Zweirad Schenk: 140, 139
RTM Bikes GmbH: 24, 326

8.1 Nennen Sie die Art des Vergleichs, der mit den vorliegenden Daten möglich ist.

_____

_____

75

8.2 Berechnen und beurteilen Sie die Barliquidität der Konkurrenten von RTM Bikes GmbH.

_____

_____

_____

8.3 Die Barliquidität von RTM Bikes GmbH lag im Vorjahr bei 7,36 %.

8.3.1 Beurteilen Sie die Barliquidität von RTM Bikes GmbH aus dem Vorjahr

_____

_____

_____

_____

_____

8.3.2 RTM Bikes GmbH möchte im nächsten Jahr die Barliquidität verbessern. Nennen Sie mindestens drei Maßnahmen, die dazu geführt haben könnten, dass RTM Bikes GmbH sein Ziel erreicht hat.

_____

_____

_____

_____

_____

_____

_____

Kap. 2.4.2 ➔ **9** Kreuzen Sie an, welche der Konten zu den entsprechenden Posten einer aufbereiteten Bilanz zugehörig sind.

	flüssige Mittel	Forderungen	kurzfristiges Fremdkapital
2600 VORST	☐	☐	☐
2800 BK	☐	☐	☐
2900 ARA	☐	☐	☐
3900 RST	☐	☐	☐
4900 PRA	☐	☐	☐

10 Bearbeiten Sie die Aufgaben zur aufbereiteten Bilanz der Firma RTM Bikes GmbH.

Aktiva	aufbereitete Bilanz		Passiva
Anlagevermögen (AV)	1.277.673,00 €	**Eigenkapital (EK)**	401.159,00 €
Umlaufvermögen (UV)		**Fremdkapital (FK)**	
Vorräte	350.900,00 €	langfristiges FK	470.000,00 €
Forderungen	234.244,00 €	kurzfristiges FK	1.272.458,00 €
flüssige Mittel	280.800,00 €		
	2.143.617,00 €		2.143.617,00 €

10.1 Berechnen und beurteilen Sie die Kennzahl der Einzugsliquidität.

10.2 RTM Bikes GmbH möchte im nächsten Jahr eine neue Fertigungsmaschine anschaffen. Diese soll durch einen Kredit (Laufzeit 9 Monate) in Höhe von 62.000,00 € finanziert werden. Berechnen Sie die mit der Kreditaufnahme verbundene Veränderung der Einzugsliquidität und begründen Sie anschließend, ob die Kreditaufnahme realisiert werden sollte.

11 **Am Jahresende vergleicht RTM Bikes GmbH die Ergebnisse der verschiedenen Liquiditätsgrade mit denen der Vorjahre:**

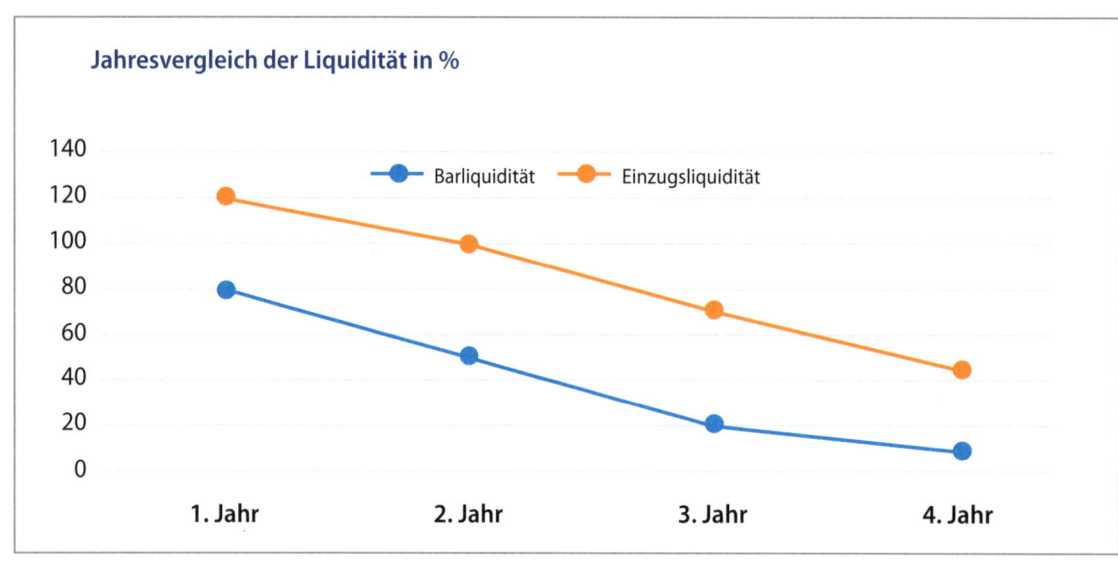

11.1 Nennen Sie die Art des hier vorliegenden Bilanzvergleichs.

_____

_____

_____

11.2 Erläutern Sie, weshalb die Einzugsliquidität immer einen höheren Wert als die Barliquidität aufweist.

_____

_____

_____

_____

_____

_____

_____

11.3 Beurteilen Sie die Ergebnisse der Einzugsliquidität der jeweiligen Jahre.

	Beurteilung
1. Jahr	

2. Jahr	
	_____
	_____
	_____
	_____
	_____
3. Jahr	_____
	_____
	_____
	_____
	_____
	_____
	_____
	_____
	_____
	_____
4. Jahr	_____
	_____
	_____
	_____
	_____
	_____

11.4   Im nächsten Jahr möchte RTM Bikes GmbH eine Einzugsliquidität von mind. 90 % erreichen. Nenne Sie drei konkrete Maßnahmen, durch die RTM Bikes GmbH dieses Ziel erreichen könnte.

_____

_____

_____

_____

_____

_____

_____

Es liegt Ihnen folgende aufbereitete Bilanz der Firma RTM Bikes GmbH vor.

Aktiva	aufbereitete Bilanz		Passiva
Anlagevermögen (AV)	1.277.673,00 €	**Eigenkapital (EK)**	401.159,00 €
Umlaufvermögen (UV)		**Fremdkapital (FK)**	
Vorräte	350.900,00 €	langfristiges FK	470.000,00 €
Forderungen	234.244,00 €	kurzfristiges FK	1.272.458,00 €
flüssige Mittel	280.800,00 €		
	2.143.617,00 €		2.143.617,00 €

12.1 Bearbeiten Sie die Aufgaben zur Anlagendeckung I.

12.1.1 Beschreiben Sie, worüber die Anlagendeckung I Auskunft gibt.

12.1.2 Beschreiben Sie das Prinzip der goldenen Bilanzregel.

12.1.3 Berechnen und beurteilen Sie die Anlagendeckung I von RTM Bikes GmbH.

12.1.4 Nennen Sie mindestens eine Möglichkeit zur Verbesserung der Anlagendeckung I.

12.2 Bearbeiten Sie die Aufgaben zur Anlagendeckung II.

12.2.1 Beschreiben Sie, worüber die Anlagendeckung II Auskunft gibt.

_____

_____

12.2.2 Berechnen und beurteilen Sie die Anlagendeckung II von RTM Bikes GmbH.

_____

_____

_____

_____

_____

12.2.3 Nennen Sie mindestens eine Möglichkeit zur Verbesserung der Anlagendeckung II.

_____

_____

_____

_____

12.2.4 Die Firma RTM Bikes GmbH möchte im nächsten Jahr einen neuen Lieferwagen für die Auslieferung der hergestellten Fahrräder anschaffen. Dieser soll entweder durch Kredit (Laufzeit 11 Monate) finanziert oder geleast werden. Recherchieren Sie die Bedeutung von Leasing und erläutern Sie, wie sich die beiden Finanzierungsmöglichkeiten auf die Anlagendeckung I und II auswirken.

_____

_____

_____

_____

_____

_____

_____

_____

_____

_____

_____

_____

_____

_____

12.2.5 Nennen Sie je zwei Nachteile der Finanzierungsform des Leasings. Führen Sie dazu ggf. eine erneute Recherche durch.

_____

_____

_____

13 Ihnen liegt folgenden Grafik aus der Bilanzanalyse zweier Fahrradhersteller vor.

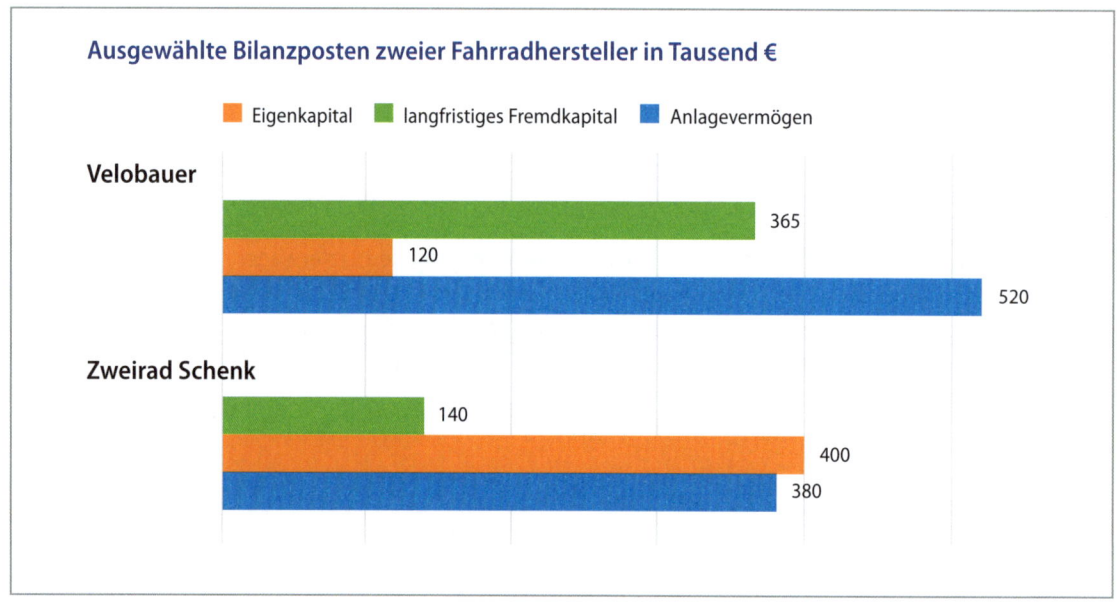

13.1 Berechnen und beurteilen Sie die Anlagendeckung I der Firma Velobauer und Zweirad Schenk.

13.2 Berechnen und beurteilen Sie die Anlagendeckung II der Firma Velobauer und Zweirad Schenk.

14 Ergänzen Sie die Lücken zur Kennzahl der Anlagendeckung I und II.

Die goldene Bilanzregel sagt aus, dass _____ mit langfristigem Kapital

finanziert werden soll. Ist das Anlagevermögen auch kurzfristig finanziert, könnte das Unternehmen in

_____ geraten, da das _____

zur Deckung der Kredittilgung nicht ausreicht und das Anlagevermögen nicht so schnell liquidierbar ist.

Entspricht die Anlagendeckung I _____, bedeutet das, dass das Anlagevermögen mit langfristigen

Kapital vollständig finanziert worden ist. Im Gegensatz zur _____ I

ist die Kennzahl der _____ allerdings aussagekräftiger, da in der

Regel die Unternehmen nicht ausschließlich mit dem Eigenkapital, sondern zum großen Teil auch mit

dem _____ finanziert sind. Der deutsche Durchschnittswert

der Anlagendeckung I liegt bei _____ bis _____, der der Anlagendeckung II liegt

bei _____ bis _____. Je höher die Anlagendeckung II über 100 % liegt, desto mehr ist auch

das _____ mit langfristigem Kapital (EK und langfristigem FK)

gedeckt.

15 Ihnen liegen folgende Zahlen von RTM Bikes GmbH vor: Kap. 2.4.5

	Vorjahr I	Vorjahr II	aktuelles Jahr
Erträge	?	509.145,00 €	47.800,00 €
Aufwendungen	466.750,00 €	504.945,00 €	66.361,00 €
Eigenkapital AB	?	?	?
Eigenkapital SB	426.920,00 €	?	?
Privatentnahmen	9.800,00 €	21.900,00 €	2.500,00 €
Privateinlagen	7.500,00 €	3.000,00 €	10.000,00 €
Jahresüberschuss	+ 55.500,00 €	?	?
Eigenkapitalrentabilität	?	?	?

15.1 Nennen Sie die Art des hier vorliegenden Bilanzvergleichs.

_____
_____
_____

15.2 Berechnen Sie die fehlenden Lücken:

UNTERNEHMENSABSCHLUSS UND AUSWERTUNG

15.3 Beurteilen Sie jeweils das Ergebnis der Eigenkapitalrentabilität. Gehen Sie dabei von einem (Kapital-)Markt-zins von −0,51 % aus.

_____

_____

_____

_____

_____

_____

_____

_____

_____

_____

_____

_____

_____

_____

_____

_____

_____

_____

15.4 Nennen Sie zwei konkrete Maßnahmen, wie die Eigenkapitalrentabilität wieder das Ergebnis des Vorjahres l erreichen könnte.

_____

_____

_____

_____

16 Ihnen liegen folgende Konten der Firma MiDMaxx vor:

S	3001 P		H
2880 KA	11.500,00 €	2800 BK	5.000,00 €

S	8020 GUV		H
Materialaufwand	390.000,00 €	Umsatzerlöse	1.284.010,00 €
Aufwendungen für		Sonstige betriebliche	
bezogene Leistungen	21.000,00 €	Erträge	990,00 €
Personalaufwand	505.000,00 €	Zinsen und ähnliche	
Abschreibungen	400.000,00 €	Erträge	400,00 €
Sonstige betriebliche			
Aufwendungen	12.500,00 €		
Zinsen und ähnliche			
Aufwendungen	5.500,00 €		
Steuern	6.400,00 €		

16.1 Schließen Sie das Konto 3001 P ordnungsgemäß ab und bilden Sie den Buchungssatz.

16.2 Schließen Sie das Konto 8000 GUV ordnungsgemäß ab und bilden Sie den Buchungssatz.

16.3 Beschreiben Sie, worüber die Kennzahl der Eigenkapitalrentabilität Auskunft gibt.

_____

_____

16.4 Berechnen und beurteilen Sie die Eigenkapitalrentabilität, wenn der Schlussbestand des Kontos 3000 EK 827.500,00 € und der (Kapital-)Marktzins -0,51 % betragen.

_____

_____

_____

_____

_____

_____

_____

16.5 Stellen Sie zwei Gründe dar, warum die Kennzahl der Eigenkapitalrentabilität deutlich über dem (Kapital) Marktzins liegen sollte.

_____

_____

_____

_____

_____

_____

Vollkostenrechnung

Kap. 3.1 → **1** Das Rechnungswesen spielt im Betrieb eine wichtige Rolle.

1.1 Nennen Sie die Aufgaben des Rechnungswesens.

_____

_____

1.2 Ordnen Sie die Tätigkeiten dem internen und/oder dem externen Rechnungswesen zu.

		externes Rechnungswesen	internes Rechnungswesen
1.2.1	Buchhalterische Erfassung des Zielkaufs von Rohstoffen	☐	☐
1.2.2	Buchhalterische Erfassung der Löhne und Gehälter	☐	☐
1.2.3	Bereitstellen von Daten nur für die Unternehmensleitung	☐	☐
1.2.4	Buchhalterische Erfassung von Zinserträgen	☐	☐
1.2.5	Erstellung der Bilanz	☐	☐

Kap. 3.1.1 → **2** Ergänzen Sie die Lücken.

Der Rechnungskreis I stellt die Geschäftsbuchführung dar. Sie bildet alle Vorgänge, wie z. B. die Erfassung der

Lohn- und Gehaltszahlungen an die _____ oder die buchhalterische Erfassung

von Dividendenerträgen, ab. Hier werden somit alle _____ und _____

_____ (d. h. sowohl die betrieblichen, als auch die _____)

erfasst, die am Jahresende auf dem Konto _____ abgeschlossen werden. Auch

die Erfassung aller Bestandskonten ist Aufgabe des Rechnungskreises I.

Der Rechnungskreis II wird auch als _____ bezeichnet. Hier

werden nur die Vorgänge erfasst, die im direkten Zusammenhang mit dem _____

stehen. Das sind bei InntalTex e. K. alle Aufwendungen (= Kosten) und Erträge (= _____),

die bei der Produktion von _____ entstehen. Diese sogenannten betrieblichen

Aufwendungen und Erträge werden in der_____ er-

fasst.

Ordnen Sie die Erklärungen (links) dem korrekten Oberbegriff (Mitte) und den Oberbegriffen anschließend die zugehörenden Beispiele (rechts) jeweils mit einer Linie zu.

Erklärungen	Oberbegriff	Beispiele
Aufwand, der nichts mit dem Betriebszweck zu tun hat (= betriebsfremder Aufwand).	neutraler Aufwand	5000 UEFE
		7460 VAWP
Ertrag, der in direktem Zusammenhang mit dem Betriebszweck steht (= betrieblicher Ertrag).	Kosten	6000 AWR
		6990 PFAW
Ertrag, der nichts mit dem Betriebszweck zu tun hat (= betriebsfremder Ertrag).	neutraler Ertrag	6520 ABSA
		6870 WER
Aufwand, der in direktem Zusammenhang mit dem Betriebszweck steht (= betrieblicher Aufwand).	Leistungen	5430 ASBE
		5710 ZE

Nennen Sie jeweils zwei weitere Beispiele für einen neutralen Aufwand sowie für einen neutralen Ertrag.

_____

_____

_____

_____

Korrekturen • Kosten • Betriebsergebnis • Anpassungen • Erträge • Abgrenzungsrechnung •

betrieblichen • Betriebszweck • betriebsfremden • Gesamtergebnis • Abgrenzungsergebnis •

Geschäftsbuchführung

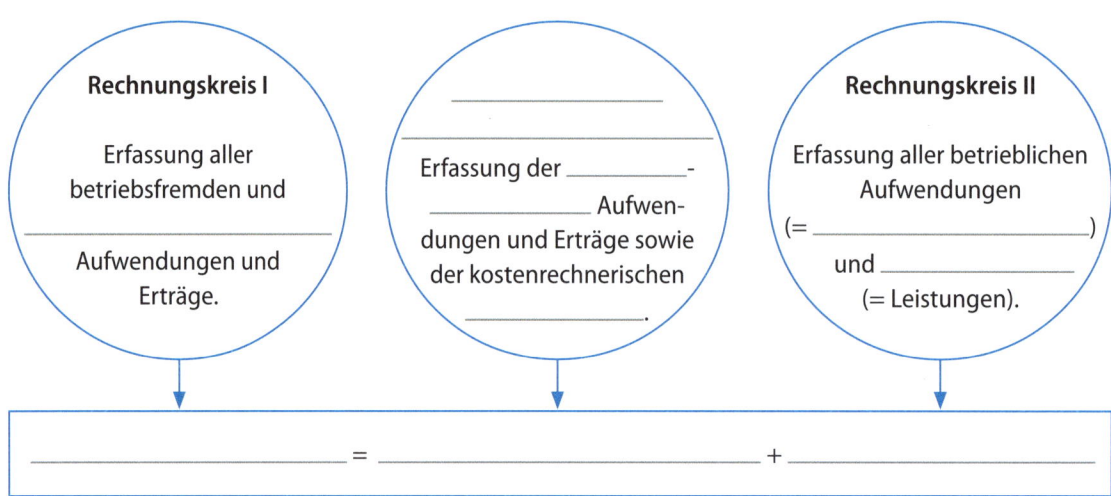

Entscheiden Sie durch Ankreuzen, ob es sich im Folgenden um eine richtige oder falsche Aussage handelt. Verbessern Sie Falschaussagen.

Aussagen	R	F
Die Abgrenzungsrechnung ist die Verbindung zwischen der Geschäftsbuchführung und der Betriebsbuchführung. Korrektur:	☐	☐
Die Geschäftsbuchführung bildet den Rechnungskreis I, die Betriebsbuchführung den Rechnungskreis II. Korrektur:	☐	☐
Kostenrechnerische Korrekturen werden für Aufwendungen durchgeführt. Korrektur:	☐	☐
Das Konto 6040 AWVM ist ein Beispiel für Kosten. Korrektur:	☐	☐
Periodenfremde Erträge sind betriebsfremd. Korrektur:	☐	☐

5 Für das vergangene Quartal liegen folgende Daten bei RTM Bikes GmbH vor: ◄ Kap. 3.2

S	8020 GUV		H
6000 AWR	130.000,00 €	5000 UEFE	500.000,00 €
6010 AWF	60.000,00 €	5400 EMP	1.400,00 €
6020 AWH	55.000,00 €	5430 ASBE	200,00 €
6030 AWB	30.000,00 €	5490 PFE	140,00 €
6040 AWVM	20.000,00 €	5495 EFO	600,00 €
6140 AFR	10.000,00 €	5710 ZE	100,00 €
6160 FRI	2.000,00 €		
6200 LG	40.000,00 €		
6400 AGASV	16.000,00 €		
6520 ABSA	23.000,00 €		
6540 ABGWG	2.000,00 €		
6700 AWMP	3.000,00 €		
6730 GEB	2.000,00 €		
6750 KGV	1.000,00 €		
6760 PROV	9.000,00 €		
6770 RBK	1.600,00 €		
6800 BMK	1.400,00 €		
6820 KOM	800,00 €		
6850 REK	600,00 €		
6870 WER	2.300,00 €		
6900 VBEI	2.100,00 €		
6950 ABFO	900,00 €		
6990 PFAW	200,00 €		
7000 GWST	2.900,00 €		
7020 GRST	480,00 €		
7030 KFZST	700,00 €		
7460 VAWP	300,00 €		
7510 ZAW	1.500,00 €		

kalkulatorische Abschreibungen:	28.000,00 €
kalkulatorischer Unternehmerlohn:	19.000,00 €

5.1 Unterscheiden Sie zwischen Anderskosten und Zusatzkosten. Ordnen Sie die kalkulatorischen Abschreibungen sowie den kalkulatorischen Unternehmerlohn je einem der beiden Oberbegriffe zu.

_____

_____

_____

_____

_____

_____

_____

5.2 Ermitteln Sie das Gesamtergebnis, das Abgrenzungsergebnis sowie das Betriebsergebnis.

5.3 Schließen Sie das Konto 8020 GUV ordnungsgemäß ab und bilden Sie den Buchungssatz für den Abschluss des Kontos 8020 GUV.

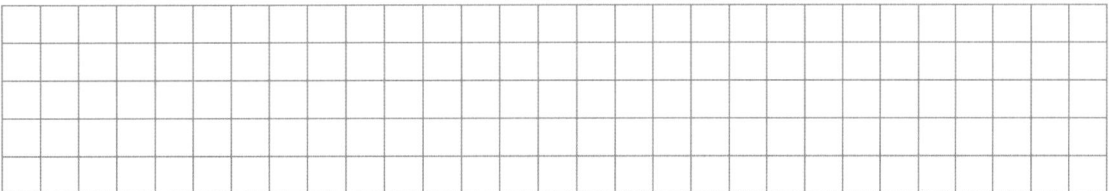

5.4   Erklären Sie die Verwendung des Kontos 6760 PROV.

_____

_____

_____

_____

_____

6   **Ergänzen Sie die Lücken:**

Kalkulatorische Kosten werden in 2 Gruppen eingeteilt:

Zu den Anderskosten gehört die _____ . Die Ab-

schreibung in der _____ (Rechnungskreis I) wird auf dem Kon-

to _____ gebucht. Die Abschreibung erfasst den Wertverlust der Anlagegüter.

Der Betrag der Abschreibung wird mit der _____

berechnet. Er stimmt nicht wirklich mit dem tatsächlichen Wertverlust überein, deshalb werden in

den _____ Korrekturen der Betrag der Abschreibung vom Konto 6520

ABSA durch den Betrag der kalkulatorischen Abschreibung _____ . Anschließend wird

in der Kosten- und Leistungsrechnung mit dem Betrag der kalkulatorischen Abschreibung _____

_____ .

Der kalkulatorische Unternehmerlohn zählt zu den _____ . Das bedeutet, er wird

in den kostenrechnerischen Korrekturen _____ und in die Kosten der Betriebsbuch-

führung _____ . In der Geschäftsbuchführung hat der kalkulatorische Unterneh-

merlohn, anders als die kalkulatorischen Abschreibungen, _____ Betrag.

7 Folgende GuV-Rechnung liegt vor:

S	8020 GUV		H
6000 AWR	92.000,00 €	5000 UEFE	360.000,00 €
6010 AWF	40.000,00 €	5430 ASBE	900,00 €
6020 AWH	32.000,00 €	5490 PFE	300,00 €
6030 AWB	19.000,00 €	5650 EAWP	200,00 €
6040 AWVM	14.000,00 €	5780 DDE	100,00 €
6140 AFR	12.000,00 €		
6160 FRI	9.000,00 €		
6200 LG	50.000,00 €		
6400 AGASV	20.000,00 €		
6520 ABSA	50.000,00 €		
6540 ABGWG	5.000,00 €		
6700 AWMP	6.000,00 €		
6730 GEB	3.400,00 €		
6750 KGV	2.800,00 €		
6760 PROV	14.000,00 €		
6770 RBK	6.700,00 €		
6800 BMK	6.000,00 €		
6820 KOM	4.000,00 €		
6850 REK	1.300,00 €		
6870 WER	5.800,00 €		
6900 VBEI	2.000,00 €		
6950 ABFO	4.000,00 €		
6990 PFAW	1.500,00 €		
7000 GWST	3.200,00 €		
7020 GRST	780,00 €		
7030 KFZST	900,00 €		
7510 ZAW	2.300,00 €		

Kalkulatorische Kosten:	
kalkulatorische Abschreibungen:	30.000,00 €
kalkulatorischer Unternehmerlohn:	15.000,00 €

7.1 Ermitteln Sie Gesamtergebnis, Abgrenzungsergebnis und Betriebsergebnis.

VOLLKOSTENRECHNUNG

7.2 Schließen Sie das Konto 8020 GUV ordnungsgemäß ab und bilden Sie den Buchungssatz.

8 Bei RTM Bikes GmbH liegen folgende Zahlen vor: ◄ Kap. 3.3

Gemein-kosten	Summe	Verteilungsschlüssel	Kostenstellen			
			I Material	II Fertigung	III Ver-waltung	IV Vertrieb
Heizung	483 €	Laufzeit in Stunden	130 Std.	220 Std.	160 Std.	180 Std.
Werbung	? €	anteilig	–	–	20 % / 720 €	80 %
Gehälter	4.810,00 €	nach Beschäftigten 130 € / Beschäftigten	4 Pers.	2.080,00 € / ? Pers.	8 Pers.	9 Pers.
Miete	6.080,00 €	m² (insg. 380 m²)	?	200 m²	40 m²	50 m²
Versicherung	1.785,00 €	Verhältnis	? : *	56:	20:	21:
Wasser	1.320,00 €	Verbrauch m³	20	60	16	14
Reinigungs-kosten	1.890,00 €	Arbeitsstunden	30	90	40	50

Die Kosten für die Versicherung in der Kostenstelle Material belaufen sich auf 136,00 €.

8.1 Erklären Sie den Begriff Kostenstellen.

_____

_____

8.2 Erklären Sie den Begriff Kostenträger und geben Sie ein Beispiel für Kostenträger bei RTM Bikes GmbH an.

_____

_____

8.3 Berechnen Sie die fehlenden Beträge und erstellen Sie einen vollständigen Betriebsabrechnungsbogen.

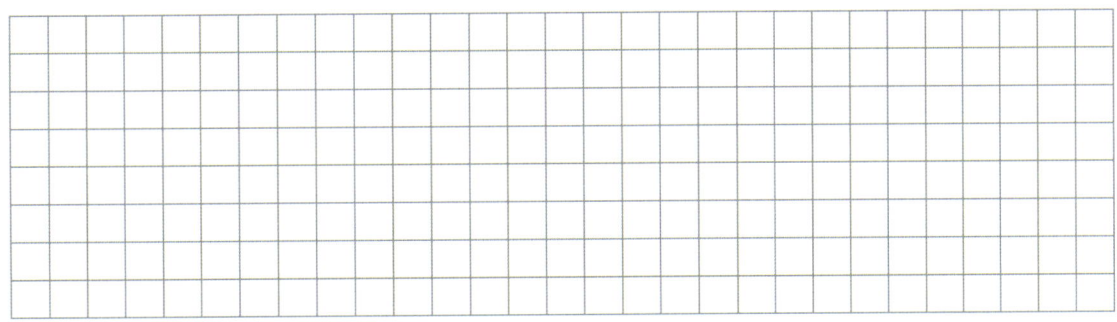

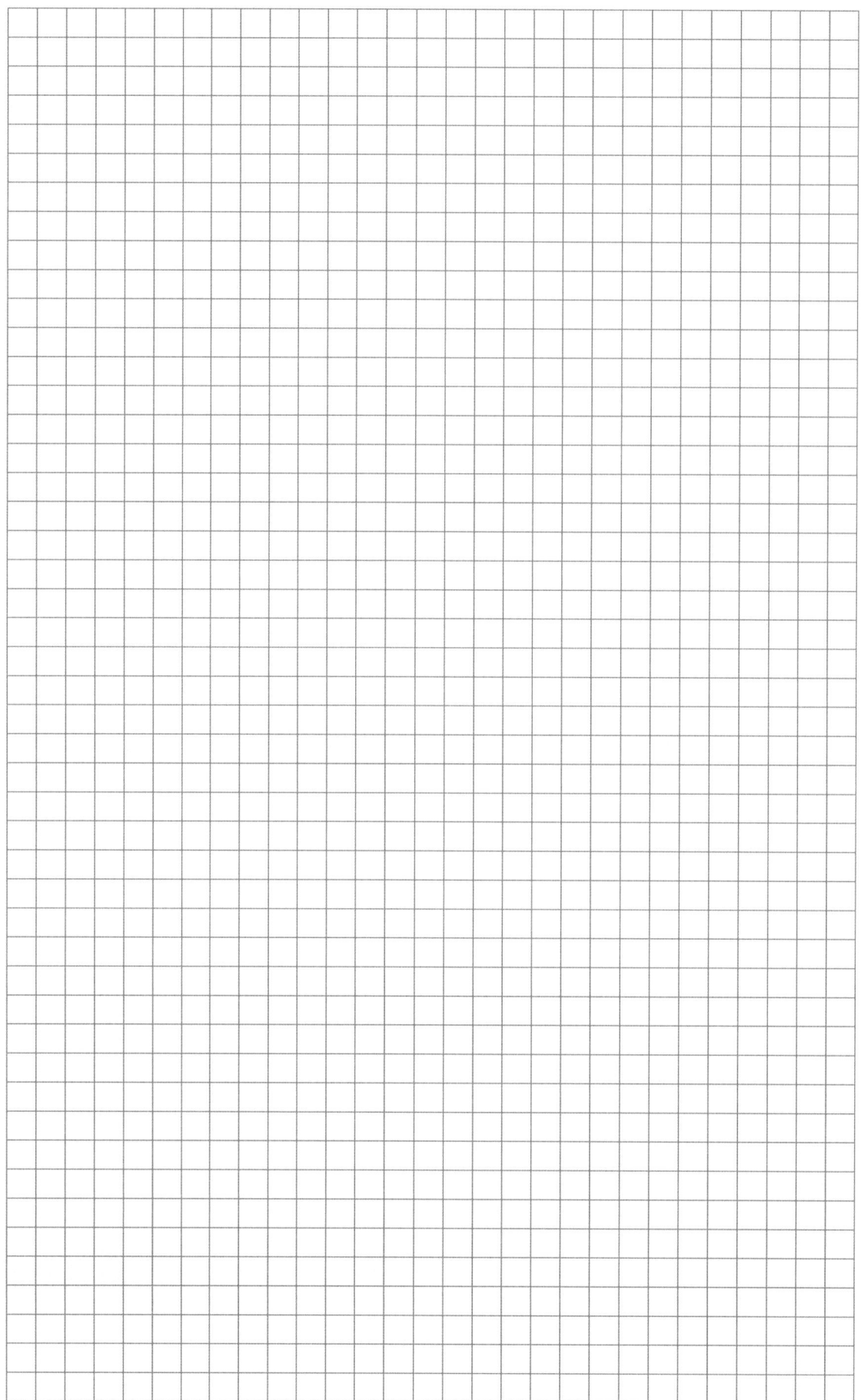

(leere Tabelle)

(leere Tabelle)

9 **Folgende Angaben liegen vor:**

Gemeinkosten	Summe	Verteilungsschlüssel	Kostenstellen			
			Material	Fertigung	Verwaltung	Vertrieb
Wartung PC	1.350,00 €	Arbeitsstunden	12 Std.	20 Std.	30 Std.	28 Std.
Gebühren	416,00 €	Verhältnis	4:	18:	14:	16:
Unterhalt Grünanlagen	3.000,00 €	prozentual gleichmäßig	?	?	?	?
Sicherheitsdienst	4.485,00 €	Kosten nach Fläche Gesamtfläche 345 m²	?	190 m²	50 m²	75 m²
Außenbeleuchtung	2.600,00 €	anteilig	130,00 €	?	15 %	20 %
Unterhalt Kantine	2.507,00 €	nach Beschäftigten	8	65	20	16
Räum-/ Streudienst Parkplätze	1.095,00 €	nach Parkplätzen Insgesamt 150 Parkplätze Parkplätze nach Beschäftigten, Gästeparkplätze zählen zum Vertrieb	?	?	?	?

Verteilen Sie die Kosten auf die Kostenstellen im BAB:

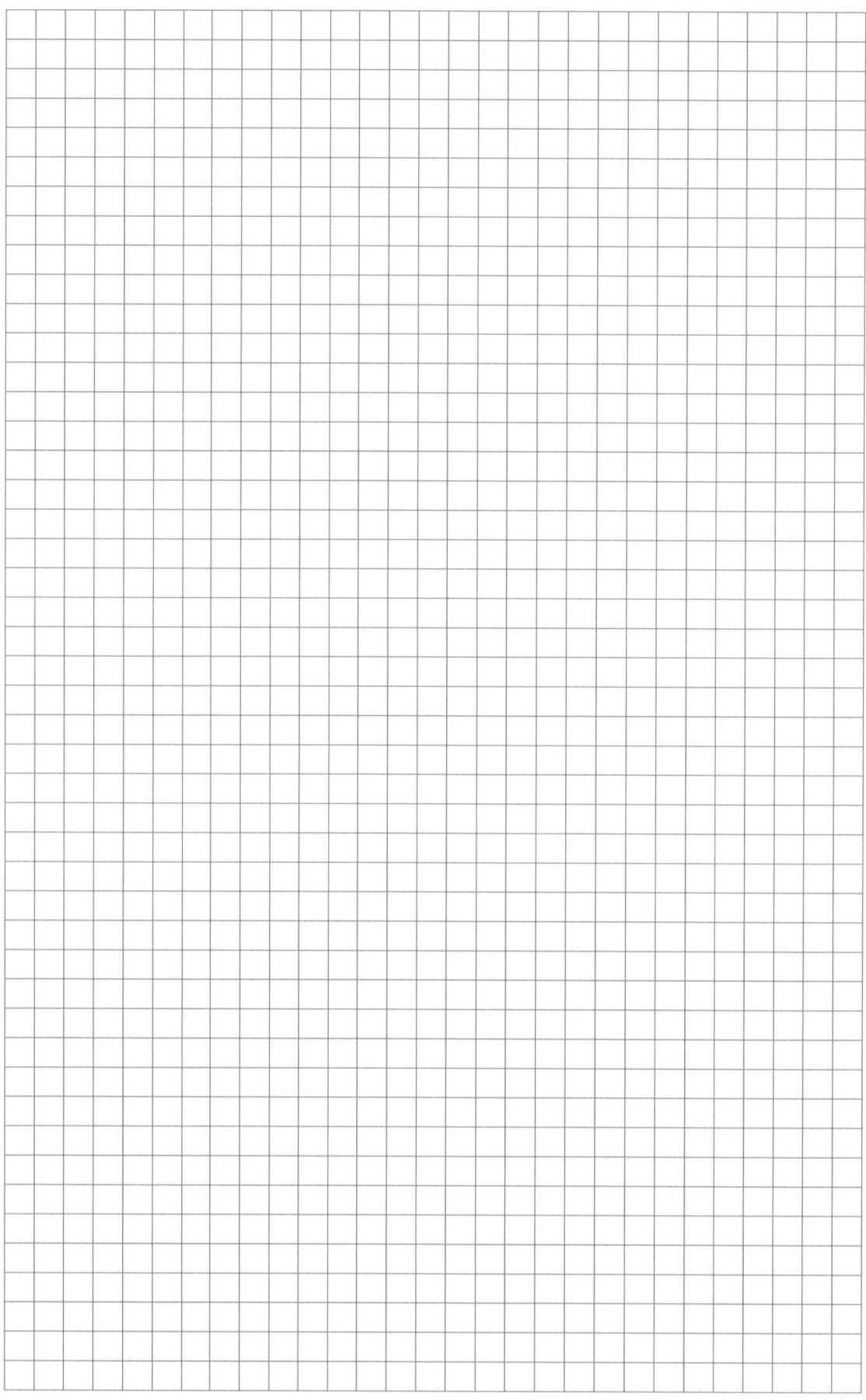

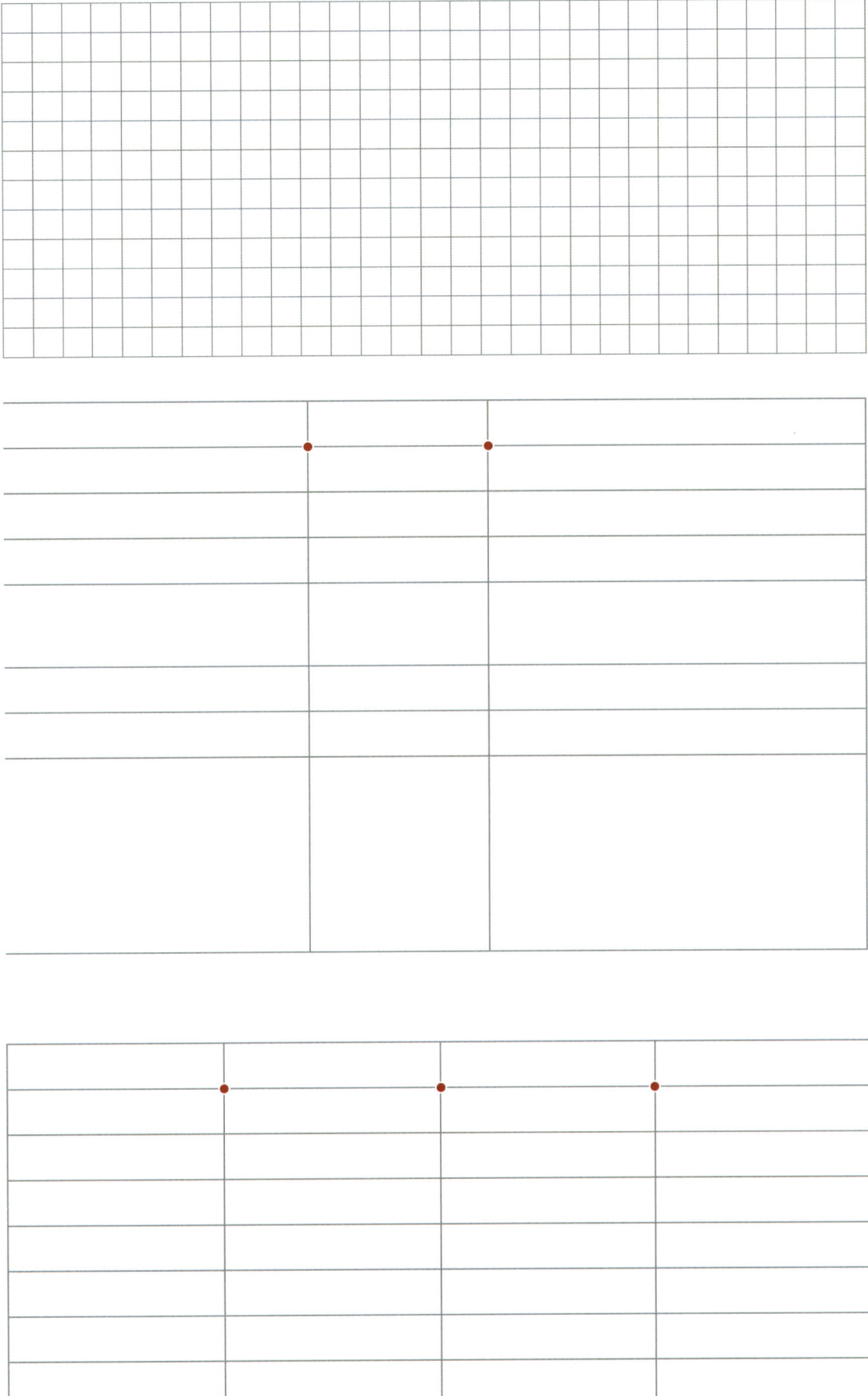

Einzelkosten	Fertigungslöhne	120.000,00 €
	Kosten für Stoff	182.000,00 €
Gemeinkostenzuschläge	Vertrieb	16 %
	Fertigung	87 %
	Material	8,25 %
	Verwaltung	13 %
Sondereinzelkosten der Fertigung		14.500,00 €

10.1 Berechnen Sie die Selbstkosten für die Kollektion Herrenhemden mit Hilfe der Zuschlagskalkulation.

Hinweis: Rundungsbedingte Abweichungen sind möglich.

10.2 Geben Sie zwei Beispiele für Sondereinzelkosten an.

10.3 Max Inntaler hat mit der Zuschlagskalkulation ein Verfahren der Kostenträgerzeitrechnung angewendet. Nennen Sie die Aufgaben der Kostenträgerrechnung.

11 Folgende Zahlen liegen für die Kalkulation in einem Betrieb vor:

Gemeinkostenzuschläge	Fertigung	80 %
	Verwaltung	15 %
	Material	7,5 %
Gemeinkosten	Vertrieb	27.242,50 €
Materialkosten		41.925,00 €
Sondereinzelkosten der Fertigung		14.500,00 €
Fertigungskosten		230.500,00 €

Erstellen Sie eine vollständige Kalkulation zur Berechnung der Selbstkosten sowie der Zuschlagsätze.

Hinweis: Rundungsbedingte Abweichungen sind möglich.

12 Bei der Kalkulation für die Herbstkollektion von Damenjeans wurden Selbstkosten von 566.627,30 € bei InntalTex e. K. ermittelt. Berechnen Sie die Kosten für das Fertigungsmaterial.

Hinweis: Rundungsbedingte Abweichungen sind möglich.

Zuschlagsätze	Fertigung	132,5 %
	Verwaltung	6 %
	Material	8,25 %
	Vertrieb	18 %
	Materialkosten	163.457,50 €
Sondereinzelkosten der Fertigung		14.500,00 €

---

13 Folgendes lückenhaftes Schema ist gegeben. Ergänzen Sie die Begriffe und berechnen Sie die fehlenden Beträge.

Hinweis: Rundungsbedingte Abweichungen sind möglich.

FM				
			13 %	
MK				
				145 %
= FK		319.000,00 €		
			24 %	
= SK		814.659,20 €	152 %	

14 Bei InntalTex e. K. wird die Kollektion Badehosen mit folgenden Beträgen kalkuliert: Berechnen Sie die Höhe der Fertigungslöhne und die Zuschlagsätze für Vertrieb, Fertigung und Material.

Hinweis: Rundungsbedingte Abweichungen sind möglich.

Selbstkosten		406.710,72 € (135 %)
Sondereinzelkosten der Fertigung		5.000,00 €
Fertigungsmaterial		36.800,00 €
Materialgemeinkosten		2.907,20 €
Fertigungsgemeinkosten		136.560,00 €
Fertigungskosten		261.560,00 €
Zuschlagsätze	Verwaltung	15 %
	Fertigung	?
	Material	?

15 Maria Schwarz kalkuliert für die Produktion von Herrenjeans mit folgenden Vorgaben:

Fertigungsgemeinkosten		76.050,00 €
Fertigungsmaterial		103.000,00 €
Zuschlagsätze	Verwaltung	23 %
	Material	31 %
	Vertrieb	?
	Fertigung	117 %
Vertriebsgemeinkosten		71.494,80 €
Sondereinzelkosten der Fertigung		8.000,00 €
Unfertige Erzeugnisse	Bestand zum 01.01.	30.000,00 €
	Bestand zum 31.12.	70.000,00 €
Fertige Erzeugnisse	Bestand zum 01.01.	51.000,00 €
	Bestand zum 31.12.	20.000,00 €

Berechnen Sie die Selbstkosten für die Herrenjeans.

Hinweis: Rundungsbedingte Abweichungen sind möglich.

16   **Für die neue Kollektion Kindershirts wird mit diesen Zahlen und Zuschlagsätzen kalkuliert:**

Verwaltungsgemeinkostenzuschlagsatz	8 %
Materialgemeinkostenzuschlagsatz	9,50 %
Fertigungsgemeinkostenzuschlagsatz	106 %
Selbstkosten	105.534,00 € (120 %)
Materialkosten	42.705,00 €
Vertriebsgemeinkosten	10.553,40 €
Sondereinzelkosten der Fertigung	2.100,00 €

Unfertige Erzeugnisse	Bestand zum 01.01.	?
	Bestand zum 31.12.	13.000,00 €
	Bestandsminderung	9.000,00 €
Fertige Erzeugnisse	Bestand zum 01.01.	20.000,00 €
	Bestand zum 31.12.	25.000,00 €

16.1 Berechnen Sie die Kosten für Fertigungsmaterial und Fertigungslöhne.

Hinweis: Rundungsbedingte Abweichungen sind möglich.

16.2 Ermitteln Sie den Bestand an unfertigen Erzeugnissen zum 01.01.

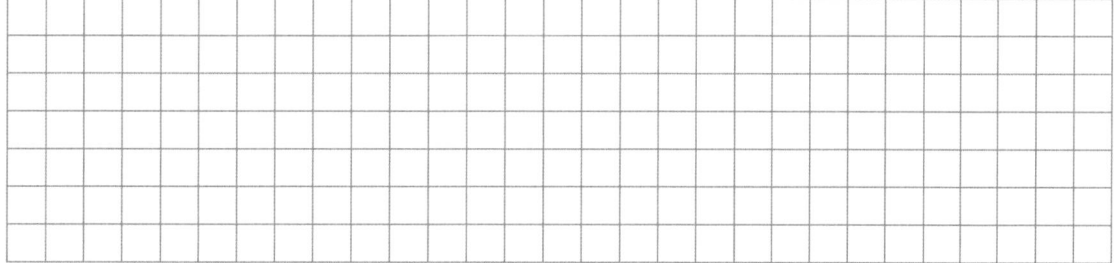

Selbstkosten		789.594,00 €
Gemeinkosten	Vertrieb	151.845,00 €
Zuschlagsätze	Fertigung	123 %
	Material	18 %
	Verwaltung	26 %
Fertigungsmaterial		290.000,00 €
Sondereinzelkosten		34.000,00 €
Bestand fertiger Erzeugnisse	Bestand 31.12.	12.000,00 €
	Bestand 01.01.	17.000,00 €
Bestand unfertiger Erzeugnisse	Bestand 01.01.	8.000,00 €
	Bestand 31.12.	28.000,00 €

Erstellen Sie eine vollständige Kalkulation zur Berechnung der Selbstkosten, aller fehlenden Beträge sowie der Zuschlagsätze.

Hinweis: Rundungsbedingte Abweichungen sind möglich.

3

18 Für die Kalkulation von Mountainbikes liegt folgende, allerdings unvollständige, Kalkulation vor. Berechnen Sie die fehlenden Beträge.

Hinweis: Rundungsbedingte Abweichungen sind möglich.

Fertige Erzeugnisse FE	Bestand 01.01.	20.000,00 €
	Bestand 31.12.	4.000,00 €
Unfertige Erzeugnisse UFE	Bestand 01.01	3.000,00 €
	Bestand 31.12.	14.000,00 €

FM			
MGK	35.747,50 €		20 %
MK			
FL	19.000,00 €		
FGK			
SEKF	5.600,00 €		
FK			
HKdE			
B-Erhöhung			
B-Minderung			
HKdU			
VwGK			7 %
VtGK			
SK		323.620,55 €	121 %

19 RTM Bikes GmbH will für die neue Saison ein neues, leichteres Kindermountainbike herstellen und verkaufen. Diese Art von Fahrrad ist bisher noch nicht im Sortiment.

Mit folgenden Zahlen wird für 1 Mountainbike kalkuliert:

Einzelkosten	Fertigung	25,00 €
	Material	23,00 €
Sondereinzelkosten	Fertigung	6,00 €
Zuschlagsätze	Vertrieb	12 %
	Fertigung	140 %
	Verwaltung	8 %
	Material	14 %

Es soll ein Gewinn von 22,13 € je Rad erreicht werden, dem Kunden wird ein Rabatt von 5 % gewährt und 2 % Skonto.

111

19.1 Berechnen Sie den Listenverkaufspreis für ein Rad.

Hinweis: Rundungsbedingte Abweichungen sind möglich.

19.2 Entscheiden und begründen Sie, welche Art von Produktinnovation vorliegt.

_____

_____

19.3 Bilden Sie den Buchungssatz für den Zielverkauf von 8 Mountainbikes.

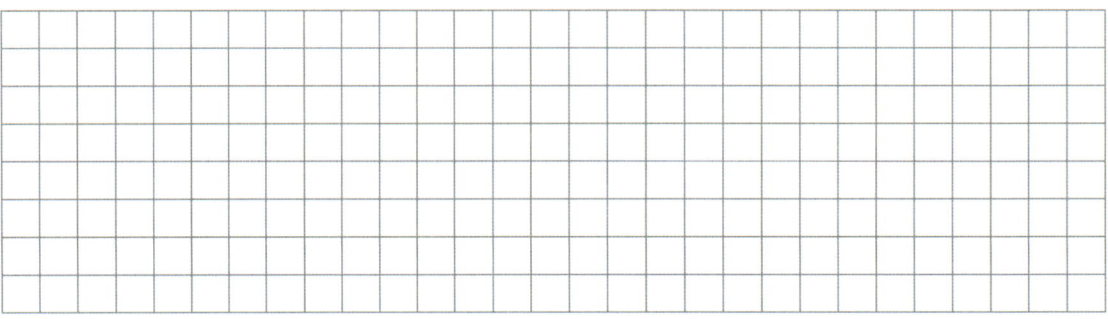

19.4 Der Kunde begleicht die Rechnung innerhalb der Skontofrist per Banküberweisung. Bilden Sie den Buchungssatz.

20 InntalTex e.K. hat Skibekleidung neu in das Sortiment aufgenommen. Für einen Skioverall für Damen liegen folgende Zahlen vor:

Max Inntaler rechnet mit einem Gewinnaufschlag von 16 %, Maria Schwarz hat Verwaltungsgemeinkosten von 21,27 € und Vertriebsgemeinkosten von 26,59 € ermittelt. An Sondereinzelkosten der Fertigung sind 12,00 € angefallen. Die Materialkosten betragen 63,44 €, bei einem Zuschlagsatz von 22 %, der Fertigungsgemeinkostenzuschlagsatz beträgt 130 %.
Amin Demir hat einen Listenverkaufspreis von 233,70 € berechnet, dem Kunden werden 3,5 % Skonto bei Rechnungsausgleich innerhalb von 8 Tagen gewährt und ein Rabatt von 7 %.

20.1 Erstellen Sie eine vollständige Kalkulation und berechnen Sie die fehlenden Beträge und Zuschlagsätze.

20.2 Die Skibekleidung wurde vorher noch nicht angeboten von InntalTex e. K. Erklären Sie, welche Art der Produktpolitik hier vorliegt.

_____

_____

_____

20.3 Benennen Sie die Phase im Produktlebenszyklus, in der sich der Skioverall nun befindet. Erklären Sie, welches Marketingziel nun verfolgt wird und wie sich Gewinn und Konkurrenzsituation hier gestalten.

_____

_____

_____

_____

_____

20.4 Bilden Sie den Buchungssatz für den Zielverkauf von 15 Skioveralls.

20.5 Bilden Sie den Buchungssatz für den Rechnungsausgleich per Banküberweisung durch den Kunden innerhalb der Skontofrist.

21 RTM Bikes GmbH bietet ein Jugend-Rennrad an. Folgende Daten liegen für die Kostenträgerstückrechnung vor:

Listenverkaufspreis		263,56 €
Kundenskonto		3 %
Kundenrabatt		9 %
Zuschlagsätze	Verwaltung	16 %
	Material	13,5 %
	Vertrieb	21 %
	Fertigung	123 %
Gemeinkosten	Material	8,10 €
Einzelkosten	Fertigungsmaterial	60,00 €
	Fertigungslöhne	25,00 €
Sondereinzelkosten		12,00 €

21.1 Berechnen Sie den Gewinn in € und %.

Hinweis: Rundungsbedingte Abweichungen sind möglich.

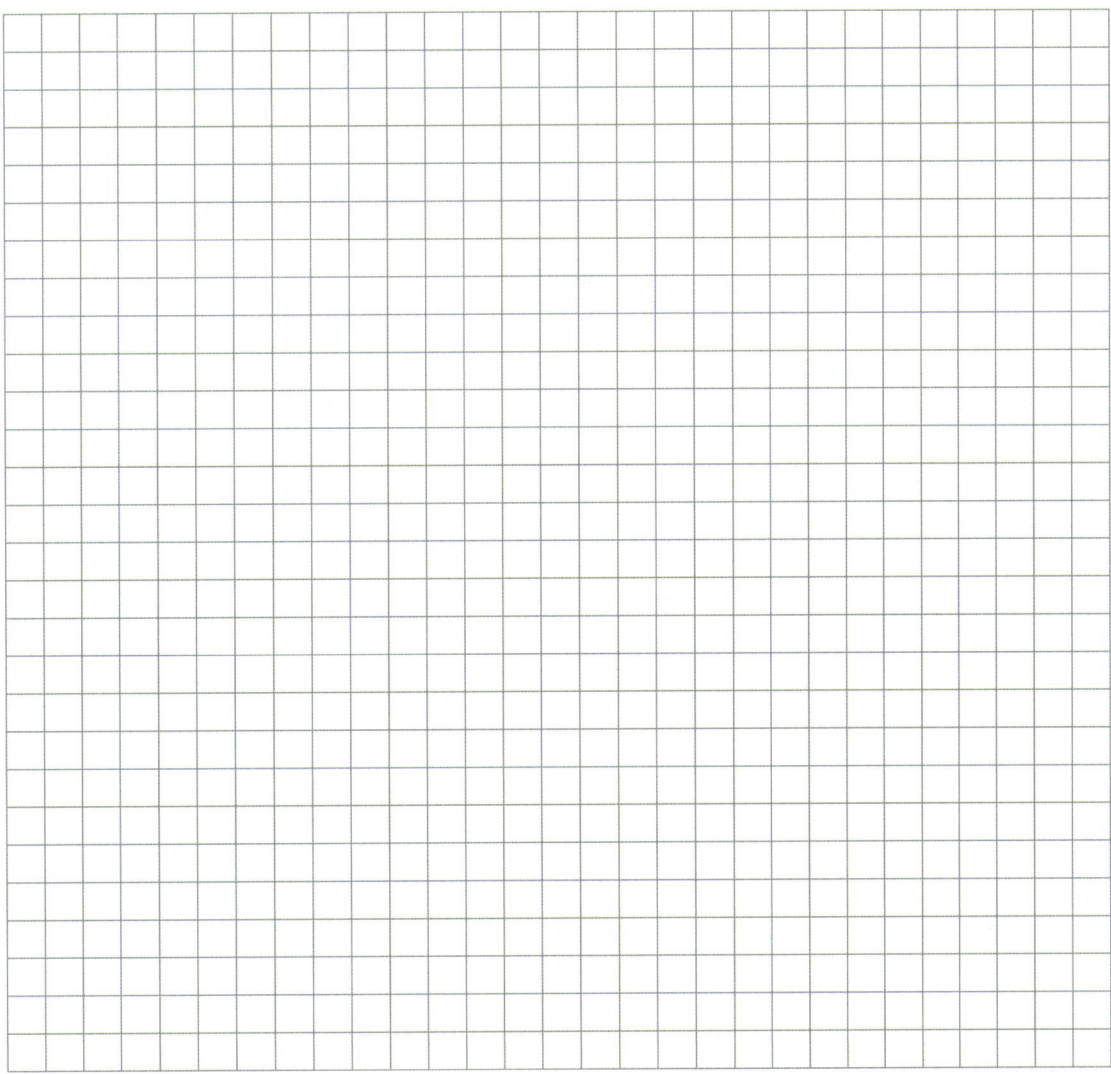

21.2 Bilden Sie die Buchungssätze für folgende Geschäftsvorfälle.

21.2.1 Zielverkauf von 12 Rennrädern.

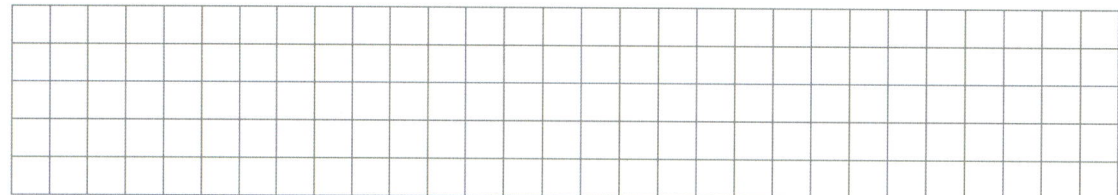

21.2.2 RTM Bikes GmbH bezahlt die Lieferung der Räder zu dem Kunden in bar, brutto 267,75 €.

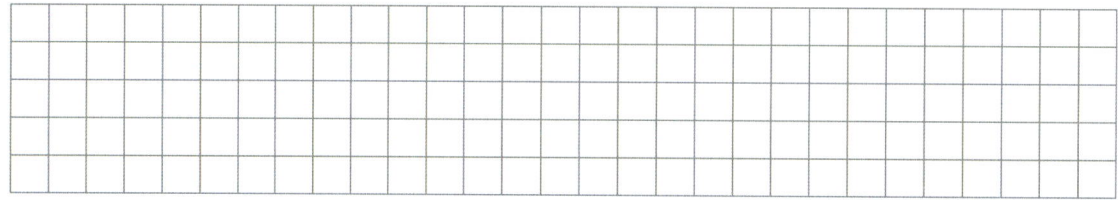

21.2.3 Zwei der 12 verkauften Räder weisen Mängel auf, der Kunde sendet sie zurück und erhält eine Gutschrift.

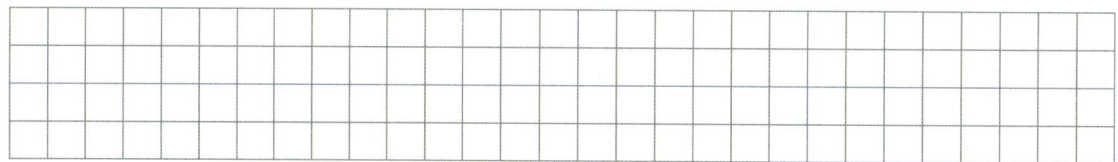

21.2.4 Der Kunde begleicht die Rechnung per Banküberweisung innerhalb der Skontofrist.

22 Ergänzen Sie den Lückentext zu Kostenartenrechnung, Kostenstellenrechnung und Kostenträgerrechnung.

Die Kostenartenrechnung unterscheidet zwischen _____ und _____ kosten.

Während _____ dem Produkt direkt zuzuordnen sind, können _____

_____ nicht dem einzelnen Produkt, dem _____, zugerechnet werden.

Die Kosten_____ rechnung unterteilt den Betrieb in sogenannte Kostenstellen. Dies

sind _____

_____. Es gibt vier Kostenstellen: _____

_____ und _____. Zur Verteilung der Gemeinkosten auf die Kosten-

stellen verwendet die Kostenstellenrechnung den _____

_____. Mit ihm werden die Gemeinkosten verursachungsgerecht über _____

_____ auf die Kostenstellen verteilt.

Die Kostenträgerrechnung ermittelt die Kosten für alle Produkte als _____

_____ oder für ein Produkt als _____.

Hier wird eine Zuschlagskalkulation verwendet, in der den Einzelkosten die Gemeinkosten mit Hilfe

von _____ hinzugerechnet werden.

23 Ergänzen Sie folgende Begriffe (Mehrfachnennungen möglich) in der Darstellung:

betrieblicher Ertrag • neutraler Aufwand • Einzelkosten • betrieblich • Geschäftsbuchführung •

Kostenträgerstückrechnung • neutraler Ertrag • Betriebsbuchführung • neutrales Ergebnis •

betrieblich • kalkulatorische Abschreibung • Kostenträgerzeitrechnung • Gemeinkosten •

kalkulatorische Abschreibung • kalkulatorischer Unternehmerlohn • 6520 ABSA • neutral •

neutral • Kostenstellenrechnung • Betriebsabrechnungsbogen • kalkulatorischer

Unternehmerlohn • betriebliche Aufwendungen • Aufwand • Ertrag

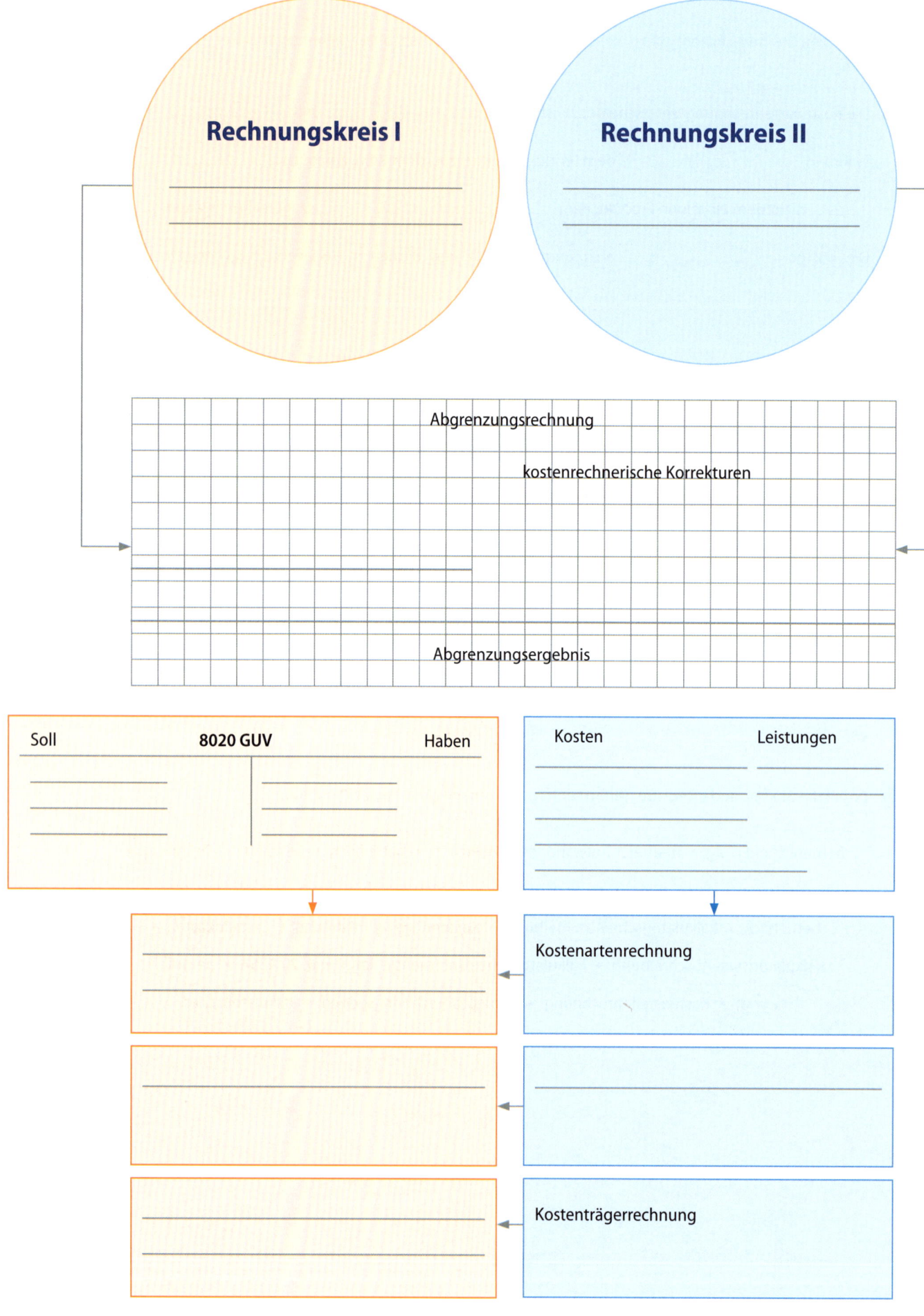

Rechnungskreis I

_____

_____

Rechnungskreis II

_____

_____

Abgrenzungsrechnung

kostenrechnerische Korrekturen

Abgrenzungsergebnis

Soll	8020 GUV	Haben

Kosten   Leistungen

Kostenartenrechnung

Kostenträgerrechnung

24 Erklären Sie folgende Begriffe.

24.1 Geschäftsbuchführung – Betriebsbuchführung

24.2 Kostenstelle – Kostenträger

24.3 Einzelkosten – Gemeinkosten

24.4 Kostenrechnerische Korrekturen

24.5 Kalkulatorische Abschreibung – bilanzmäßige Abschreibung

---

Teilkostenrechnung

Lerngerüst/
Grundwissen
Kapitel 4

Mediencode:
82238-04

4

Kap. 4.1 **1** Der Neukunde „Rollmann" der Firma RTM Bikes GmbH holt sich die Verkaufspreise
für 25 Mountainbikes des Models „Carbon Alpin 29 Zoll" ein.

1.1 Ermitteln Sie den Verkaufspreis für 25 Mountainbikes mittels der Zuschlagskalkulation. Mithilfe des Tabellen-
kalkulationsprogramms wurden folgende Erfahrungswerte eingetragen:

	A	B	C	D	E	F
1	**Angebot Mountainbike „Carbon Alpin 29 Zoll"**					
2						
3	Stückzahl	25				
4						
5	**Einzelkosten pro Mountainbike „Carbon Alpin 29 Zoll"**				**weitere Zuschläge**	
6	**Fertigungsmaterial**	590,00 €	MGK	15,00 %	Gewinn	12,50 %
7	**Fertigungslöhne**	340,00 €	FGK	105,00 %	Rabatt	5,00 %
8			Verw.-/Ver.-GK	8,00 %	Skonto	3,00 %

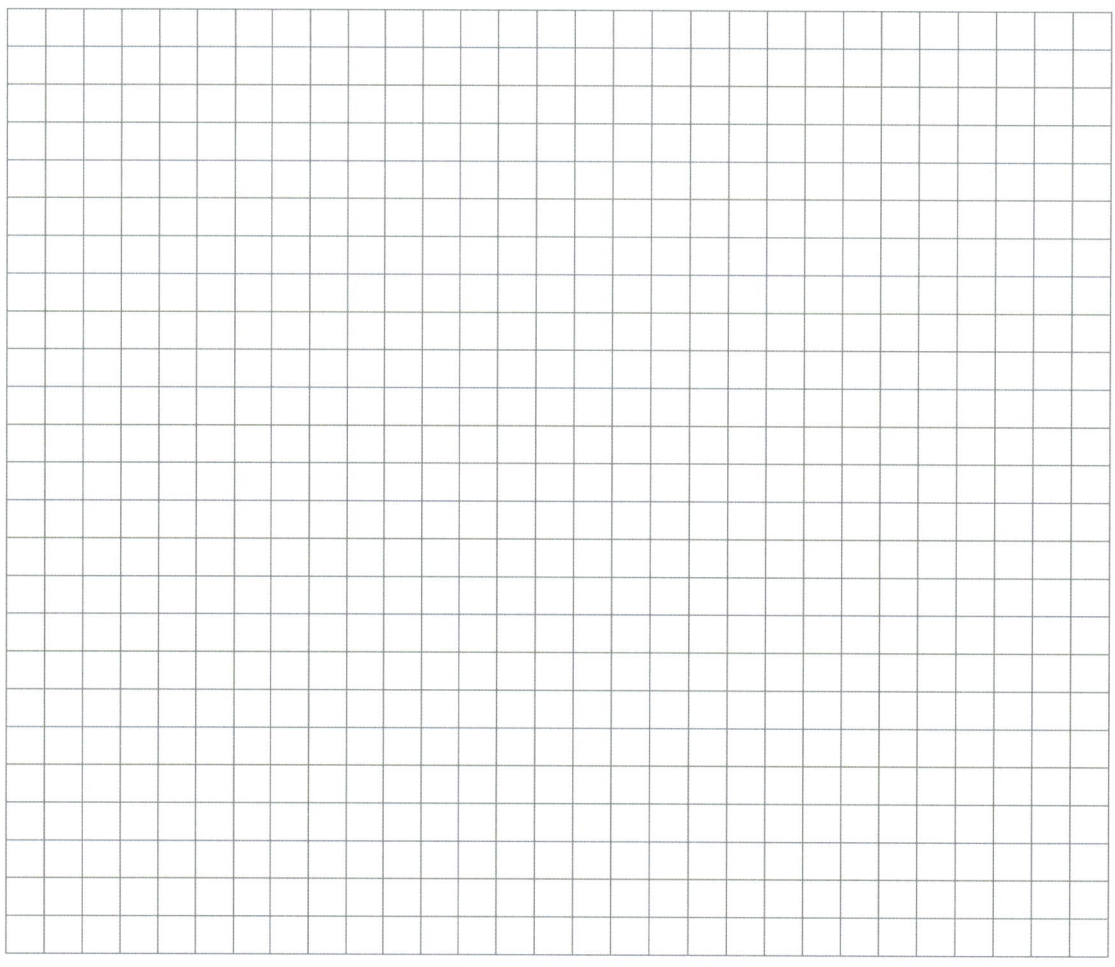

1.2 Der Kunde „Rollmann" möchte die 25 Moutainbikes zu einem Verkaufspreis von maximal 35.000,00 € kaufen. Berechnen Sie die Höhe des Betriebsergebnisses, das durch eine Annahme des Auftrags unter den genannten Bedingungen laut der Vollkostenrechnung entsteht.

1.3 RTM Bikes GmbH hat noch Kapazitäten frei und nimmt den Auftrag von 25 Moutainbikes für die Firma „Rollmann" an. Bilden Sie den Buchungssatz für den Zielverkauf an den Kunden „Rollmann".

1.4 Nennen Sie einen weiteren Grund, der dafür gesprochen haben könnte, sich auf die Bedingungen des Kunden „Rollmann" einzulassen und den Auftrag anzunehmen.

_____

_____

2 Thorsten Staller (RTM Bikes GmbH) weiß, dass sich die Verkaufskalkulationen mittels der Vollkostenrechnung am Markt nicht immer durchsetzen lassen. Füllen Sie die Lücken zum Vergleich zwischen der Voll- und Teilkostenrechnung aus.

Während die Vollkostenrechnung dem Kostenträger _____ Kosten zuordnet, wird in der Teilkostenrechnung mittels der _____ nur ein Teil der Kosten dem Kostenträger zugeordnet. Die Einzelkosten der Vollkostenrechnung entsprechen in der Teilkostenrechnung den _____ Kosten. Die Gemeinkosten werden in der Teilkostenrechnung als _____ Kosten bezeichnet. Die _____ berücksichtigt den Beschäftigungsgrad. Unter Beschäftigungsgrad versteht man das _____ der tatsächlich hergestellten Menge zur _____ in Prozent.

3 Nennen Sie je zwei konkrete Beispiele für variable und fixe Kosten der Firma RTM Bikes GmbH. ◁ Kap. 4.2

variable Kosten	fixe Kosten

Bearbeiten Sie die Aufgaben zu den Kostenverläufen der variablen, fixen und Gesamtkosten für das Mountainbike „Carbon Alpin 29 Zoll".

4.1 Ihnen liegen folgende Werte zu den variablen Kosten vor:

Stückzahl (x)	25	75	125	175	225	275
k_v je Stück	930,00 €	930,00 €	930,00 €	930,00 €	930,00 €	930,00 €
K_v gesamt	23.250,00 €	69.750,00 €	116.250,00 €	162.750,00 €	209.250,00 €	255.750,00 €

4.1.1 Stellen Sie mit Hilfe obenstehender Werte den Kostenverlauf der variablen Stückkosten (k_v) grafisch dar. Beschriften Sie die Grafik und erläutern Sie deren Verlauf in Bezug auf die Produktionsmenge.

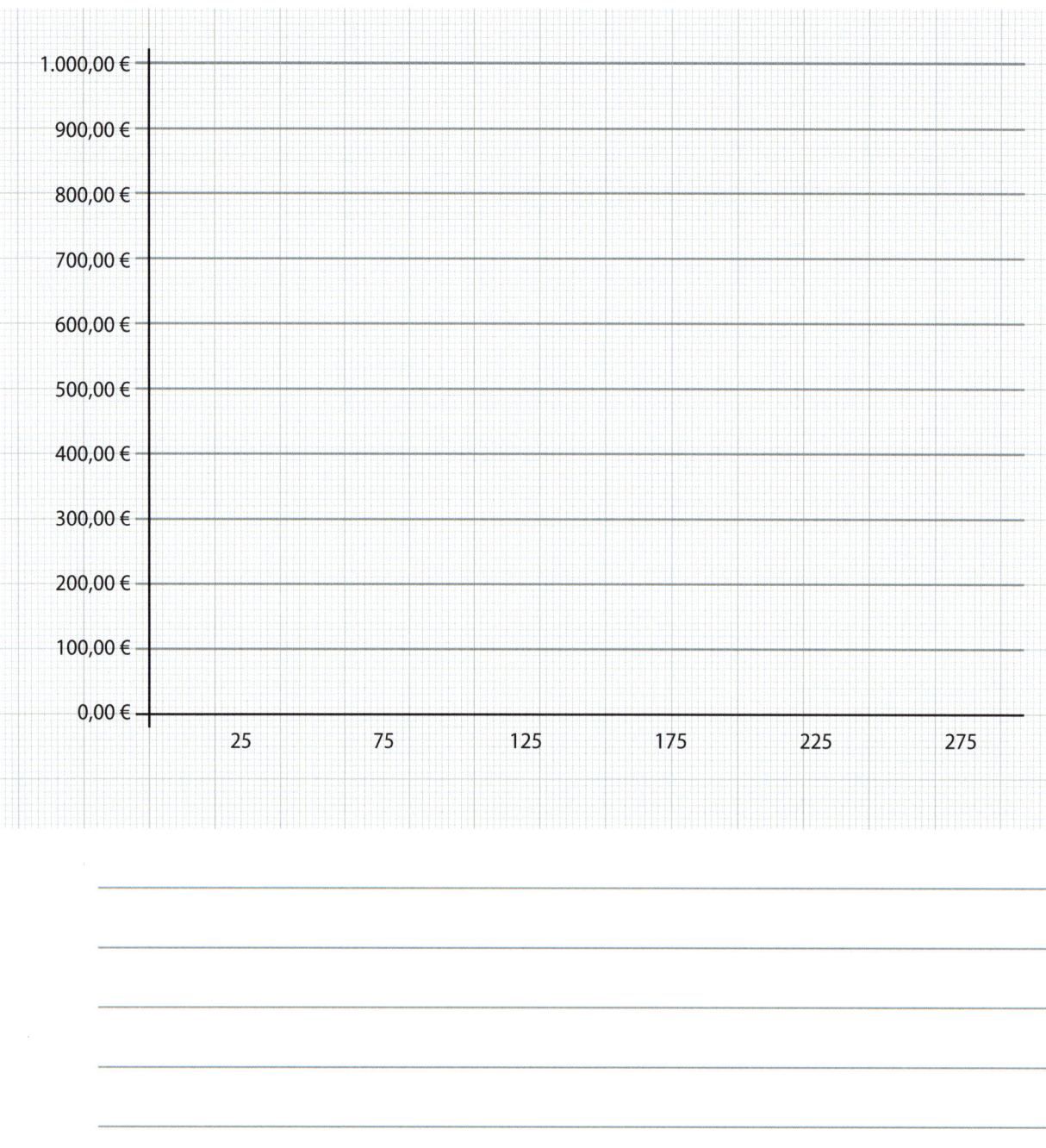

_____

_____

_____

_____

_____

_____

4.1.2   Stellen Sie mit Hilfe obenstehender Werte den Kostenverlauf der gesamten variablen Kosten (K_v) grafisch dar. Beschriften Sie die Grafik und erläutern Sie deren Verlauf in Bezug auf die Produktionsmenge.

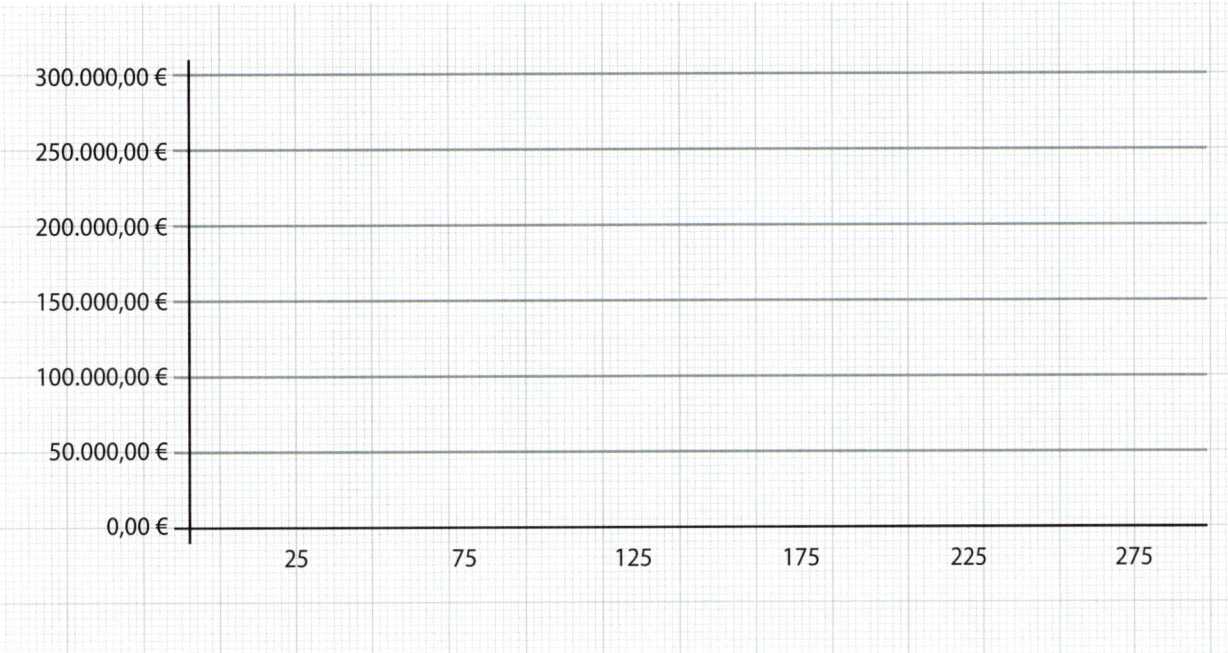

_____

_____

_____

_____

4.2   Ihnen liegen folgende Grafiken vor:

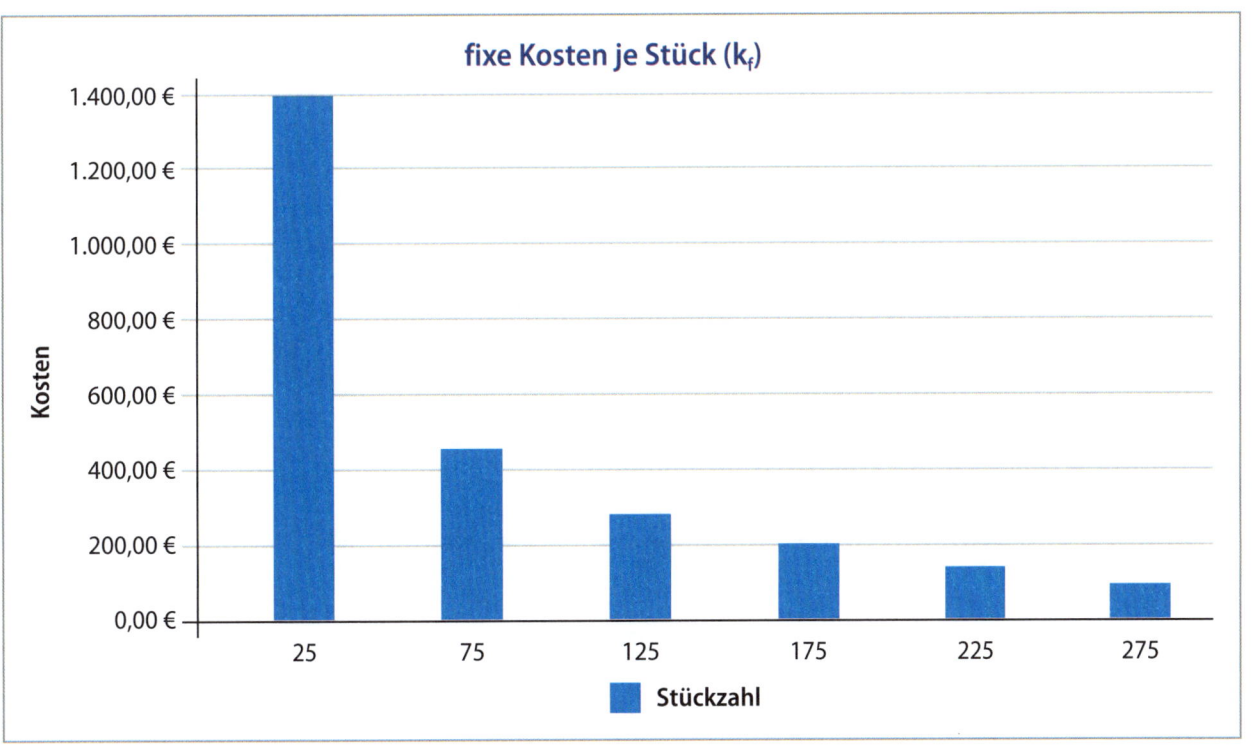

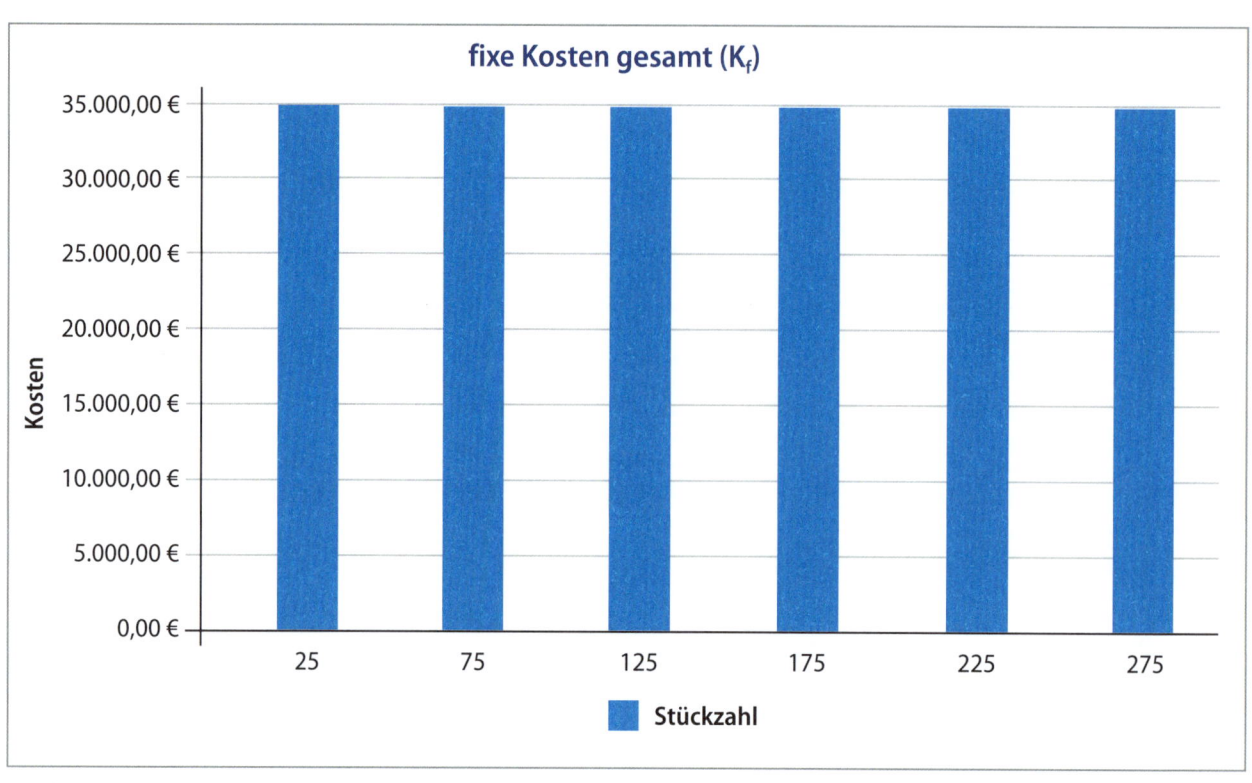

4.2.1 Beschreiben Sie den Kostenverlauf der fixen Kosten je Stück (k_f) in Bezug auf die Produktionsmenge.

_____ _____

_____

_____

_____

_____

_____

4.2.2 Beschreiben Sie den Kostenverlauf der gesamten fixen Kosten (K_f) in Bezug auf die Produktionsmenge.

_____ _____

_____

_____

_____

_____

_____

4.2.3 Entnehmen Sie die Werte der Grafik und tragen Sie diese in untenstehende Tabelle ein.

Stückzahl (x)						
k_f je Stück						
K_f gesamt						

4.3 Skizzieren Sie die Kostenkurve der gesamten Selbstkosten.

Stückzahl	≙	100 Stück
K_f	≙	35.000,00 €
SK	≙	128.000,00 €

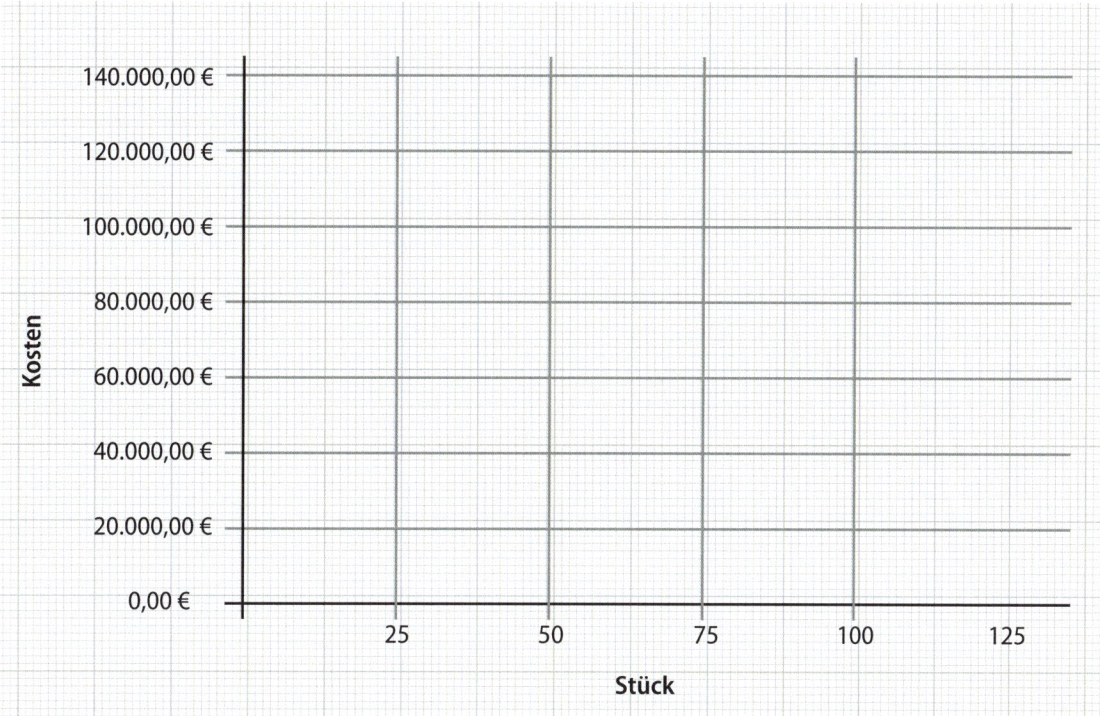

---

5 **Erläutern Sie den Begriff Kapazität.**   ⬅ **Kap. 4.3**

_____

_____

_____

---

6 **Vervollständigen Sie die Sätze zu ihrer Richtigkeit, indem Sie die Begriffe „kleiner" oder „größer" einsetzen.**

6.1 Der Deckungsbeitrag je Stück wird größer, wenn die variablen Kosten je Stück _____ werden und die Nettoverkaufserlöse je Stück stabil bleiben.

6.2 Der Deckungsbeitrag je Stück wird _____ , wenn bei unveränderten Nettoverkaufserlösen je Stück die variablen Kosten steigen.

6.3 Der Deckungsbeitrag gesamt muss _____ sein als die fixen Kosten, um ein positives Betriebsergebnis zu verzeichnen.

6.4 Der Deckungsbeitrag je Stück wird _____ , wenn bei gleichbleibenden variablen Kosten je Stück die Nettoverkaufserlöse je Stück steigen.

7 Berechnen Sie jeweils die fehlenden Größen.

	NVE je Stück	k_v	K_f	Produktion $\cong$ Absatz	Betriebsergebnis
7.1	789,00 €	623,50 €	34.500,00 €	350	?
7.2	?	26,45 €	18.430,00 €	1.250	+ 10.945,00 €
7.3	6,99 €	?	10.300,00 €	850	− 5.897,00 €
7.4	38,90 €	29,30 €	?	3.900	0,00 €
7.5	128,95 €	89,15 €	21.500,00	?	− 1.600,00 €

8 In den Monaten März und April stellt RTM Bikes GmbH ausschließlich das Mountainbike „Fully Deluxe 27,5 Zoll" her. Ihnen liegen folgende Daten für den Monat März vor:

Nettoverkaufspreis	1.699,00 €
variable Kosten	1.615,00 €
fixe Kosten	26.700,00 €
Produktion (≙ Absatz)	300 Stück

8.1 Berechnen Sie die Höhe des Betriebsergebnisses.

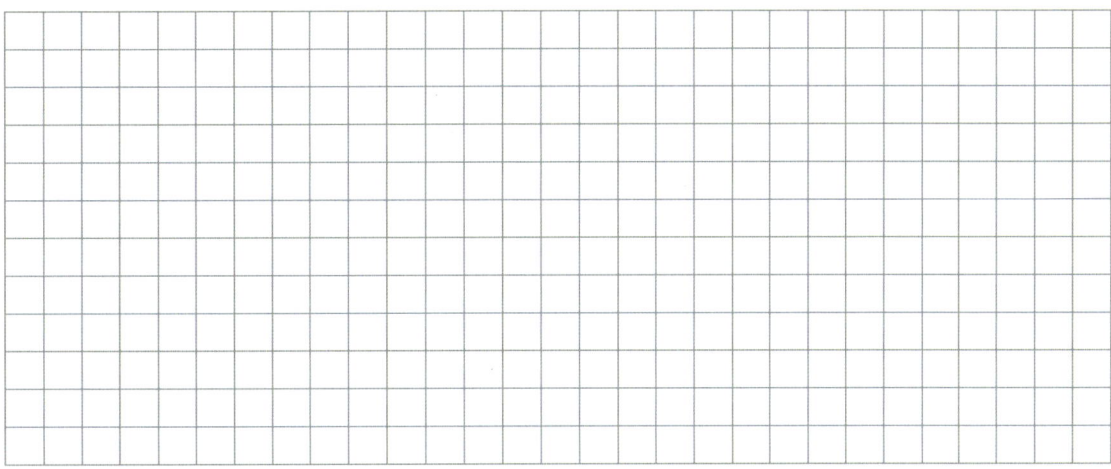

8.2 Ziel von RTM Bikes GmbH ist es, im Monat April ein neutrales Betriebsergebnis zu erwirtschaften. Dazu möchte das Unternehmen die variablen Kosten, unter sonst gleichen Bedingungen, senken. Ermitteln Sie die Höhe der variablen Kosten, die erforderlich sind, um das Ziel im Monat April zu erreichen.

8.3 Nennen Sie einen konkreten Vorschlag für RTM Bikes GmbH, um die variablen Kosten zu senken.

_____

_____

_____

8.4 Bilden Sie für folgende Geschäftsvorfälle die Buchungssätze.

8.4.1 Zielverkauf von insgesamt 150 Fully Mountainbikes „Fully Deluxe 27,5 Zoll" an Deutschlands größten Zweiradhändler Schenk.

8.4.2 Im Zusammenhang mit der Lieferung an den Zweiradhändler Schenk geht von der Spedition Paptist eine Rechnung in Höhe von 595,00 € ein.

8.4.3 Der Zweiradhändler Schenk überweist den Rechnungsbetrag (vgl. 8.4.1), abzüglich 2 % Skonto, auf das Geschäftsbankkonto.

9 In den Monaten Mai und Juni stellt RTM Bikes GmbH ausschließlich die Rennräder „Speed Aero" her. Ihnen liegen dazu folgende Daten für den Monat Mai vor:

variable Kosten	786,80 €
fixe Kosten	23.100,00 €
Betriebsergebnis	2.700,00 €
Produktion (≙ Absatz)	250

9.1 Ermitteln Sie die Höhe des Nettoverkaufspreises.

9.2 Zur Sommersaison möchte RTM Bikes GmbH den Absatz im Juni ankurbeln und den Verkaufspreis um 5 % senken (vgl. 9.1). Ermitteln Sie die Höhe der Stückzahl, die produziert und abgesetzt werden müsste, wenn unter sonst gleichen Bedingungen das Betriebsergebnis gleichbleiben soll (Aufrunden auf ganze Stückzahl).

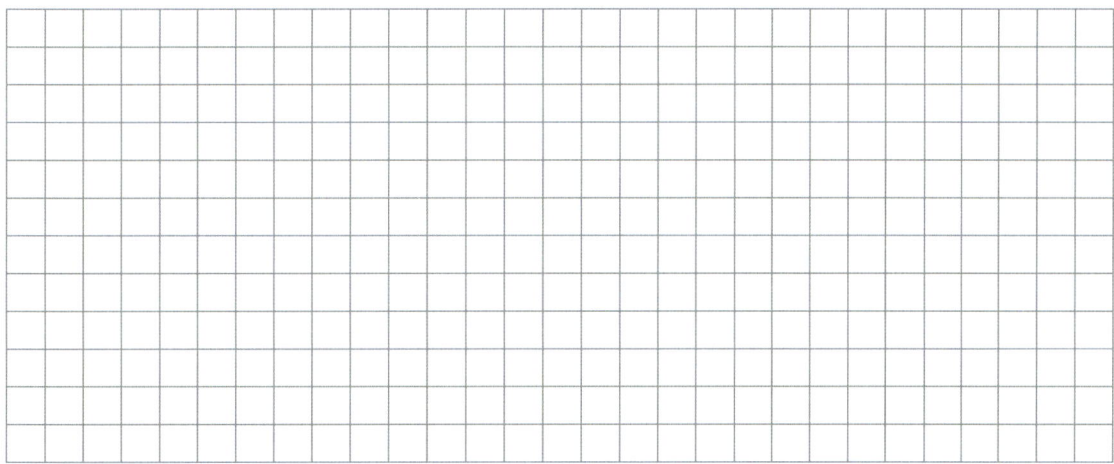

9.3 Bilden Sie für folgende Geschäftsvorfälle den Buchungssatz.

9.3.1 RTM Bikes GmbH verkauft zur Sommersaison (vgl. 9.2) 30 Rennräder „Speed Aero" an den holländischen Kunden „van de Berg" zuzüglich Transportkosten- und Verpackungskosten, 770,00 € netto.

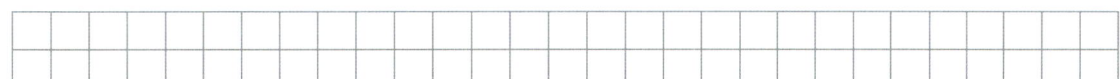

9.3.2 Im Zusammenhang mit dem Verkauf an den holländischen Kunden „van de Berg" erhalten wir eine Eingangsrechnung für 30 Verpackungskartons zu je 15,00 € netto.

9.3.3 Der Kunde „van de Berg" erhält eine Gutschrift in Höhe von 892,50 € brutto für die falsch eingestellten Schaltwerke.

9.3.4 Nach 30 Tagen überweist der Kunde „van de Berg" den noch offenen Rechnungsbetrag auf unser Geschäftsbankkonto (vgl. 9.3.2 und 9.3.3).

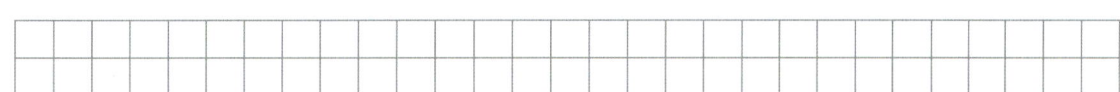

10 Berechnen Sie jeweils die Gewinnschwellenmenge. ⬅ Kap. 4.4

	NVE je Stück	k_v	K_f
10.1	169,90 €	134,50 €	65.870,00 €
10.2	19,98 €	6,77 €	12.400,00 €

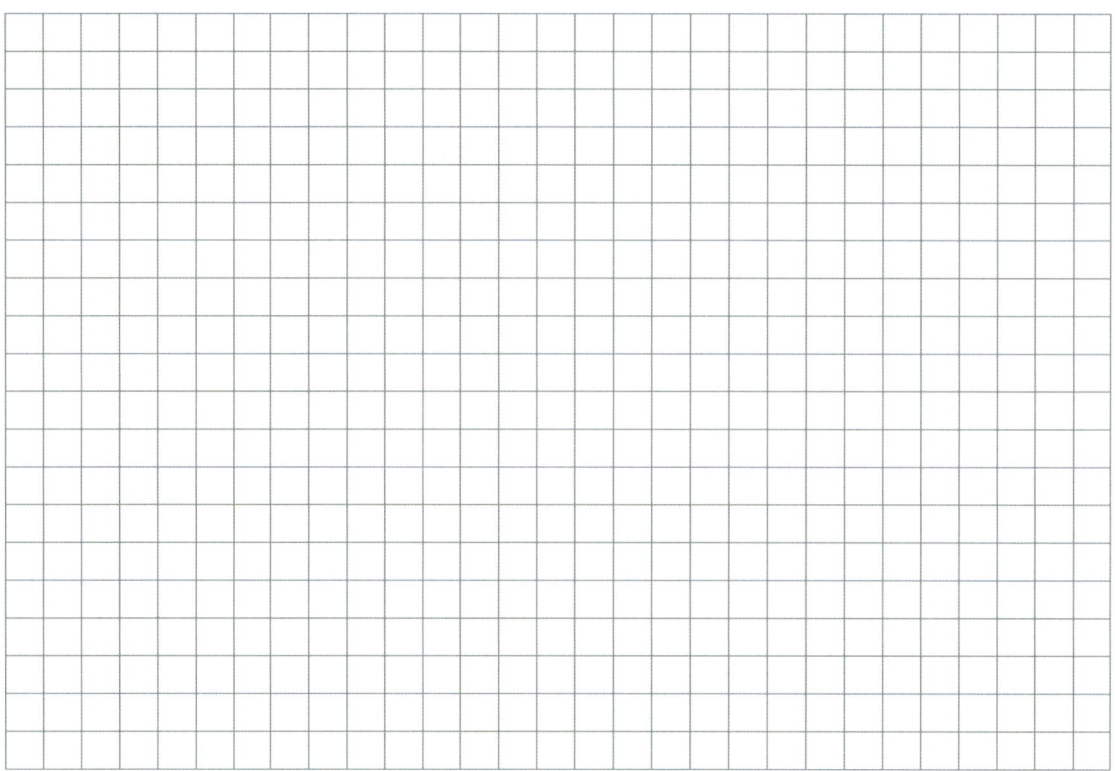

11 Aus dem Monat Juli liegt Ihnen für die Herstellung des Mountainbikes „Allrounder" der Firma RTM Bikes GmbH folgende Grafik vor. Sie zeigt den Verlauf der Kosten und Erlöse in Abhängigkeit von der produzierten und abgesetzten Menge.

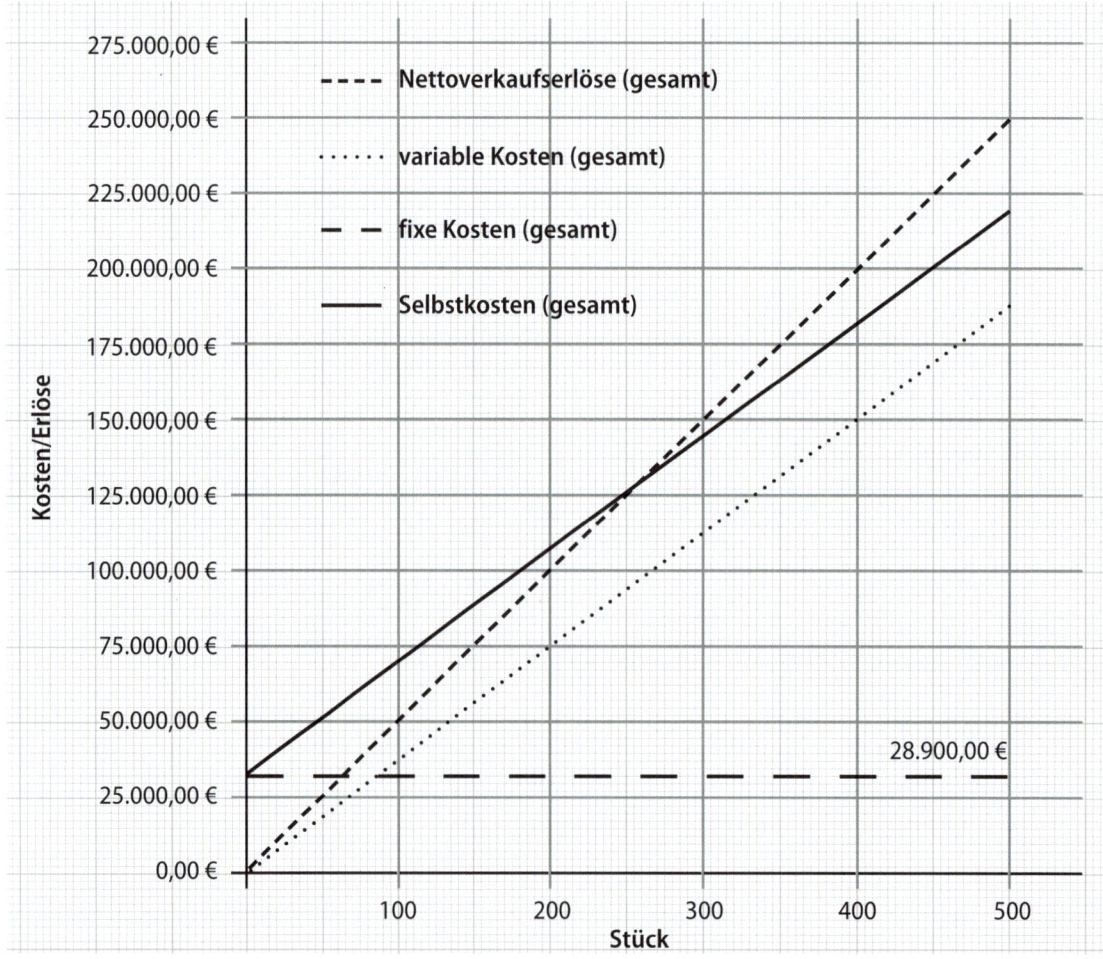

11.1   Ermitteln Sie rechnerisch die Gewinnschwellenmenge und beurteilen Sie das Ergebnis.

11.2   Ermitteln Sie das Betriebsergebnis bei einer geschätzten Absatzmenge von 500 Stück.

11.3   Erläutern Sie, wie sich eine Absatzmenge von 180 Stück auf das Betriebsergebnis auswirken würde.

11.4   Zeichnen Sie die Nettoverkaufserlöskurve in obenstehendes Schaubild ein, wenn der Nettoverkaufspreis auf 450,00 € gesenkt werden soll.

11.5 Erläutern Sie, wie sich die Preissenkung aus 11.4 auf die Gewinnschwellenmenge auswirkt.

_____

_____

_____

12 Für den Monat August stellt RTM Bikes GmbH Trekking Räder des Models „Street" her, es liegen Ihnen dazu folgende Werte vor:

Nettoverkaufspreis	475,00 €
variable Kosten	325,00 €
fixe Kosten	30.000,00 €
Break-Even-Point	200 Stück

12.1 Stellen Sie die Graphen der Nettoverkaufserlöse, der Selbstkosten (gesamt), der fixen Kosten (gesamt) sowie der variablen Kosten (gesamt) grafisch dar.

_____

_____

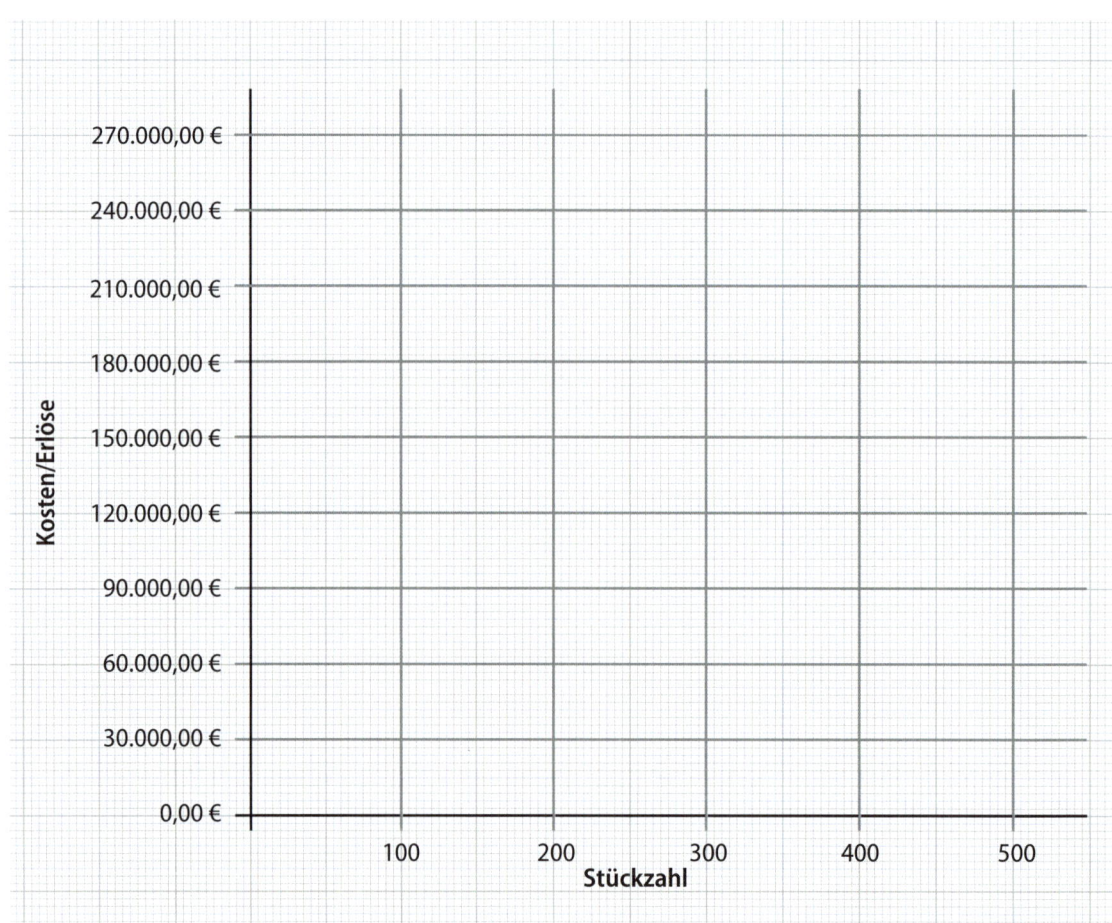

12.2 Ermitteln Sie die Gewinnschwellenmenge, die hergestellt werden muss, wenn der Nettoverkaufspreis unter sonst gleichen Kosten auf 440,00 € gesenkt werden soll.

12.3 Berechnen Sie die Stückzahl, die hergestellt werden muss, wenn die Preissenkung auf 440,00 € je Trekking-Rad dauerhaft beibehalten, aber dennoch ein Betriebsergebnis in Höhe von 10.500,00 € erzielt werden soll.

13 Das Unternehmen Flechter OHG stellt zwei verschiedene Aufbewahrungsboxen aus Bambus her. Die Daten aus dem letzten Monat liegen vor: ⬅ Kap. 4.5

	Box 60 x 30	Box 30 x 30
Nettoverkaufspreis je Stück	25,99 €	12,99 €
variable Kosten je Stück	5,78 €	3,25 €
Produktion ≙ Absatz	650 Stück	850 Stück
fixe Kosten	15.600,00 €	

13.1 Ermitteln Sie das Betriebsergebnis.

13.2 Zum 10-jährigen Jubiläum möchte Flechter OHG den Nettoverkaufspreis der Box „60 x 30" um 20 % senken. Durch die Preissenkung verspricht sich Flechter OHG einen höheren Absatz. Kosten, Absatz und Erlöse der Box „30 x 30" bleiben von der Jubiläumsaktion unberührt. Bestimmen Sie die Produktions- und Absatzmenge, die Flechter OHG mit der Box „60 x 30" erreichen müsste, um ein Betriebsergebnis in Höhe von 7.500,00 zu erzielen.

14 Das Unternehmen Pilzer AG stellt zum einen gasbetriebene Heizpilze und zum anderen Standventila-toren her. Im Folgenden liegen Daten des Monats Oktober vor:

	Heizpilz	Standventilatoren
Nettoverkaufspreis je Stück	129,90 €	58,90 €
variable Kosten je Stück	74,30 €	23,80 €
Produktion ≙ Absatz	300 Stück	400 Stück
fixe Kosten	32.000,00 €	

14.1 Berechnen Sie das Betriebsergebnis.

14.2 Je nach Saison variiert die Produktions- und Absatzmenge der beiden Produkte. Im November erhöht sich die Produktions- und Absatzmenge des Heizpilzes voraussichtlich auf 420 Stück. Die Absatzzahlen des Stand-ventilators sinken dagegen auf 200 Stück. Ermitteln Sie den Verkaufspreis des Heizpilzes, der am Markt durchgesetzt werden müsste, sodass im Monat November alle Kosten gedeckt sind.

15 Die Firma Giesinger Hoch KG stellt Steinkrüge her. Zur Oktoberfestzeit erweitert die Firma ihre Produktion auf speziell angefertigte Krüge mit besonderem Oktoberfestlogo. Aus dem 3. Quartal liegen folgende Daten vor:

	Klassik	Oktoberfest
Nettoverkaufspreis je Stück	3,95 €	15,50 €
variable Kosten je Stück	3,40 €	4,85 €
Produktion ≙ Absatz	350.000 Stück	20.000 Stück
Betriebsergebnis	308.500,00 €	

15.1 Ermitteln Sie die Höhe der fixen Kosten.

15.2 Die Oktoberfestproduktion ist beendet und die Produktion des Festkruges wird eingestellt. Dadurch sinken die fixen Kosten auf 89.000,00 € bei sonst gleichen Kosten und Erlösen. Ermitteln Sie die Gewinnschwellenmenge für den Steinkrug „Klassik" im 4. Quartal.

Kap. 4.6.1 ➡ **16** Nennen Sie drei Voraussetzungen, die grundsätzlich für eine Annahme von Zusatzaufträgen sprechen.

17 Das Unternehmen SchuhKISTE GmbH produziert zwei Größen von Schuhschränken und weist im Monat März folgende Daten auf:

	3-Kasten Schrank	5-Kasten Schrank
Nettoverkaufspreis je Stück	109,90 €	149,00 €
variable Kosten je Stück	89,25 €	99,48 €
Produktion ≙ Absatz	840 Stück	675 Stück
Kapazität	2.000 Stück	
fixe Kosten	26.800,00 €	

17.1 Berechnen Sie die Höhe des Betriebsergebnisses aus laufender Produktion.

17.2 Das kleine Möbelhaus „HOME" wäre interessiert, 100 Stück von dem Schuhschrank „3-Kasten" abzunehmen, wenn es einen Rabatt in Höhe von 25 % gewährt bekommt. Begründen Sie rechnerisch, ob es sich für SchuhKISTE lohnt, den Auftrag anzunehmen.

17.3 Durch die Annahme eines Zusatzauftrages der Möbelhauskette Wohnwelt über 200 Stück des Schuhschranks „5-Kasten" konnte die Firma SchuhKISTE GmbH einen zusätzlichen Gewinn in Höhe von 3.104,00 € erwirtschaften. Berechnen Sie die Höhe des Nettoverkaufspreises, zu dem die Schuhschränke verkauft wurden.

18 Das Unternehmen „BIO pur" stellt zwei Geschmackssorten von Bio Wellness Säften her. Für das aktuelle Quartal liegen folgende Werte vor:

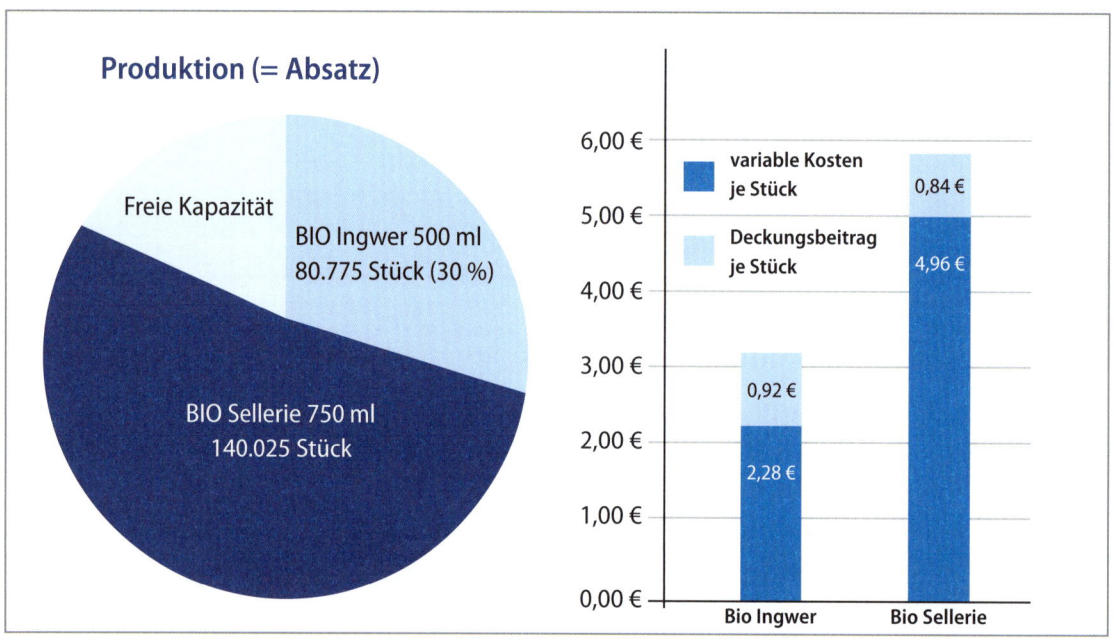

18.1 Berechnen Sie die freie Kapazität in Stück.

18.2 Berechnen Sie die Höhe des Betriebsergebnisses aus laufender Produktion, wenn Fixkosten in Höhe von 150.000,00 € angefallen sind.

18.3 „BIO pur" erhält eine Anfrage eines Billigdiscounters über einen Zusatzauftrag von 15.000 Flaschen des Produkts „BIO Sellerie 750 ml" zum Nettoverkaufspreis von 5,25 € pro Stück. Berechnen Sie die Höhe des Zusatzgewinns bei Auftragsannahme.

18.4 Bilden Sie den Buchungssatz für den Zielverkauf an den Kunden entsprechend dem Zusatzauftrag. Die Lieferung erfolgt frei Haus.

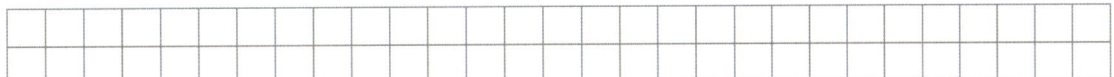

In schwierigen konjunkturellen Lagen müssen Preise oft gesenkt werden, um Absatzrückgänge zu vermeiden.

19.1 Erklären Sie die Begriffe langfristige und kurzfristige Preisuntergrenze.

_____

_____

_____

_____

_____

_____

19.2 Begründen Sie, warum ein Unternehmen langfristig gesehen einen Gewinn erzielen sollte.

_____

_____

_____

_____

_____

19.3 Ergänzen Sie die Lücken.

Ist der Deckungsbeitrag (gesamt) _____ als die fixen Kosten, verzeichnet das Unternehmen

ein Betriebsgewinn. Ist der Deckungsbeitrag (gesamt) _____ als 0,00 €, ist nicht einmal die

kurzfristige Preisuntergrenze erreicht, da in diesem Fall die _____ nicht gedeckt

sind. Ist der Deckungsbeitrag (gesamt) _____ als 0,00 € aber _____ als die fixen Kosten

(gesamt), wird nur ein Teil der fixen Kosten durch die _____ gedeckt.

20 Im letzten Quartal stellt die Firma RTM Bikes GmbH im Hauptwerk ausschließlich das Trekkingbike „Spotlight" her. Die variablen Kosten belaufen sich bei diesem Modell auf 565,00 € je Stück und die fixen Kosten für das Quartal auf 97.500,00 €. Die Produktions- und Absatzmenge wird auf 1.200 Stück geschätzt. Ermitteln Sie die langfristige und kurzfristige Preisuntergrenze.

21 Im Zweigwerk der Firma RTM Bikes GmbH wurden im ersten Quartal zwei Arten von E-Bikes hergestellt. Dazu liegen Ihnen folgende Daten vor:

	E-Lastenfahrrad	E-City-Bike
Nettoverkaufspreis je Stück	2.135,00 €	1.395,00 €
variable Kosten je Stück	1.640,00 €	1.140,00 €
Produktion ≙ Absatz	120 Stück	330 Stück
Kapazität	450 Stück	
fixe Kosten	106.200,00 €	

21.1 Berechnen Sie das Betriebsergebnis für das erste Quartal.

21.2 Ermitteln Sie die langfristige Preisuntergrenze des E-Lastenfahrrads, wenn auf einen Gewinn, bei sonst gleicher Absatzmenge und gleichen Kosten beider Produkte, verzichtet wird. Der Nettoverkaufspreis des E-City-Bikes soll beibehalten werden.

21.3 Bestimmen Sie die kurzfristige Preisuntergrenze für beide E-Bikes.

22 Seit der Markteinführung des Mountainbike-Models „Classic Pro" vor vier Jahren hat RTM Bikes GmbH den Nettoverkaufspreis jährlich gesenkt. Die Produktions- und Absatzmenge ist mit 750 Stück beim Maximum und konstant geblieben, ebenso die fixen Kosten in Höhe von 85.500,00 €.

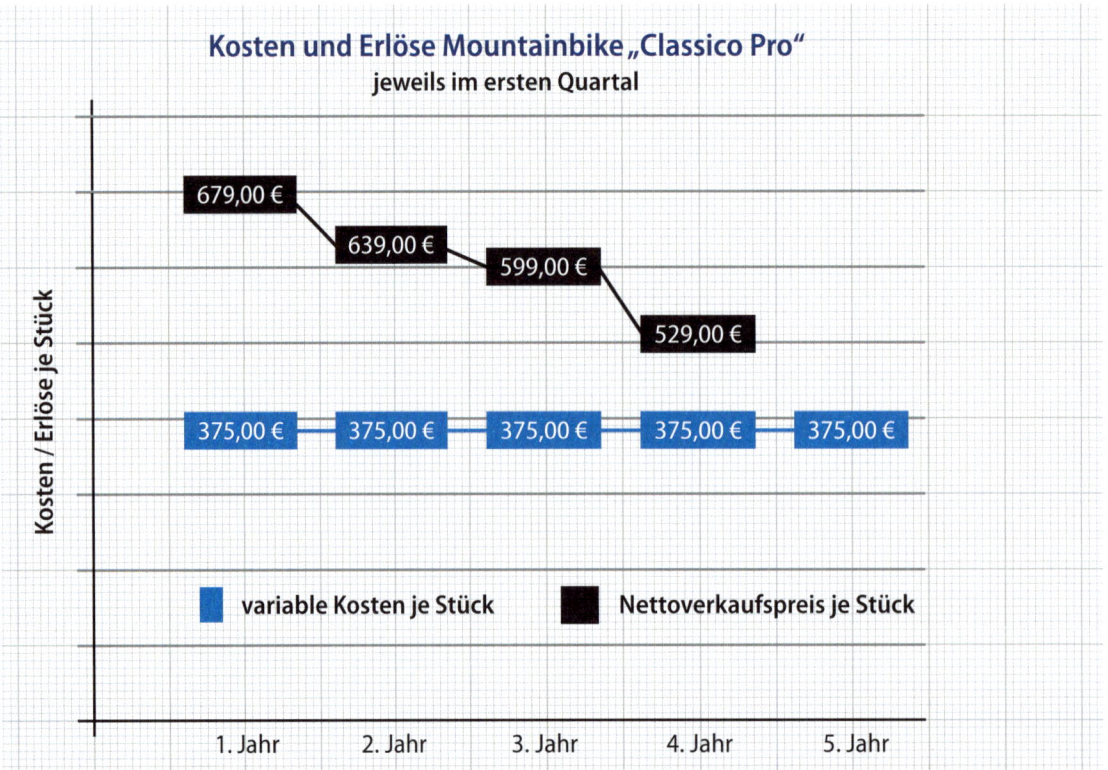

Kosten und Erlöse Mountainbike „Classico Pro"
jeweils im ersten Quartal

679,00 €
639,00 €
599,00 €
529,00 €

375,00 € 375,00 € 375,00 € 375,00 € 375,00 €

Kosten / Erlöse je Stück

■ variable Kosten je Stück   ■ Nettoverkaufspreis je Stück

1. Jahr   2. Jahr   3. Jahr   4. Jahr   5. Jahr

22.1 Berechnen Sie das Betriebsergebnis des 1. Quartals im 4. Jahr.

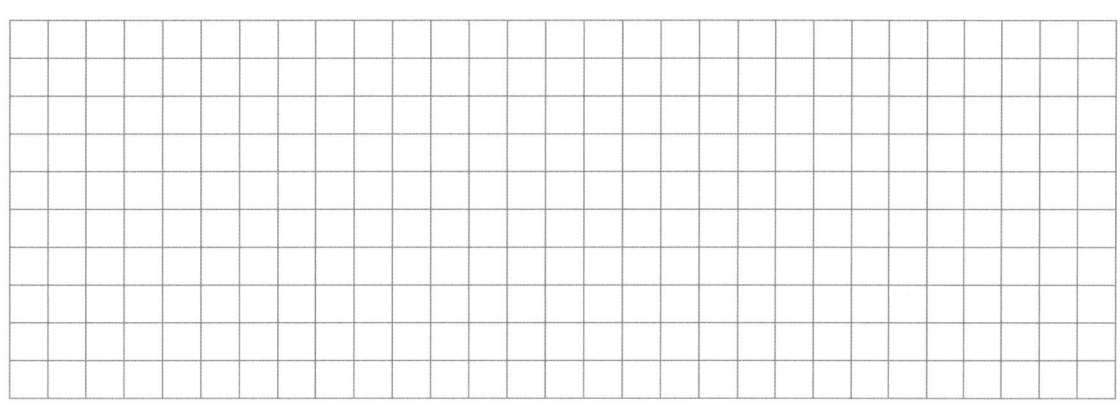

22.2 Berechnen Sie die Preissenkung des Models „Classic Pro" in Prozent jeweils im ersten Quartal von der Markteinführung im 1. Jahr bis zum 4. Jahr.

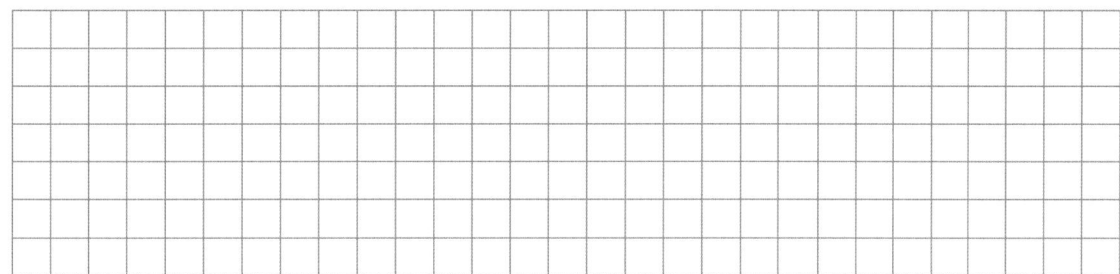

22.3 Der Nettoverkaufspreis des Models „Classic Pro" ist aufgrund der veralteten Technologie nicht mehr durchsetzbar. Dennoch möchte Thorsten Staller dieses klassische Mountainbike nur ungern aus dem Sortiment nehmen. Er steht vor einer schwierigen Entscheidung.

22.3.1 Führen Sie die Kurve des Nettoverkaufspreises in obiger Grafik bis zum 5. Jahr fort, wenn sich Thorsten Staller dafür entscheidet, das Mountainbike „Classic Pro" zur kurzfristigen Preisuntergrenze zu verkaufen.

22.3.2 Ermitteln Sie die langfristige Preisuntergrenze, wenn alle Kosten bei gleichbleibender Produktions- und Absatzmenge gedeckt sein sollen.

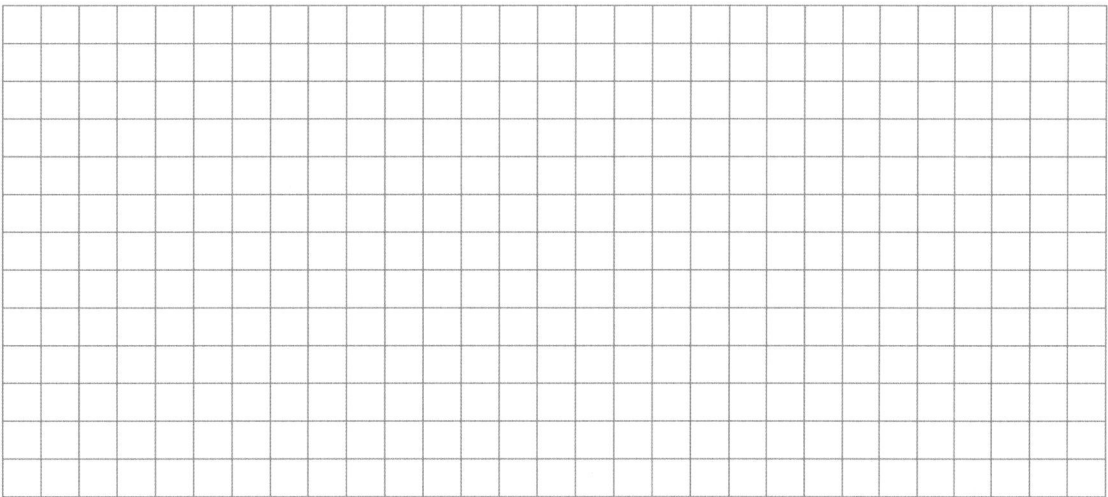

22.3.3 Ermitteln Sie die Höhe der Stückzahl, wenn RTM Bikes GmbH die Mountainbikes zu einem Schwellenpreis von mindestens 499,00 € verkaufen möchte und einen Gewinn in Höhe von 12.460,00 € anstrebt, sodass es lohnend für das Unternehmen ist.

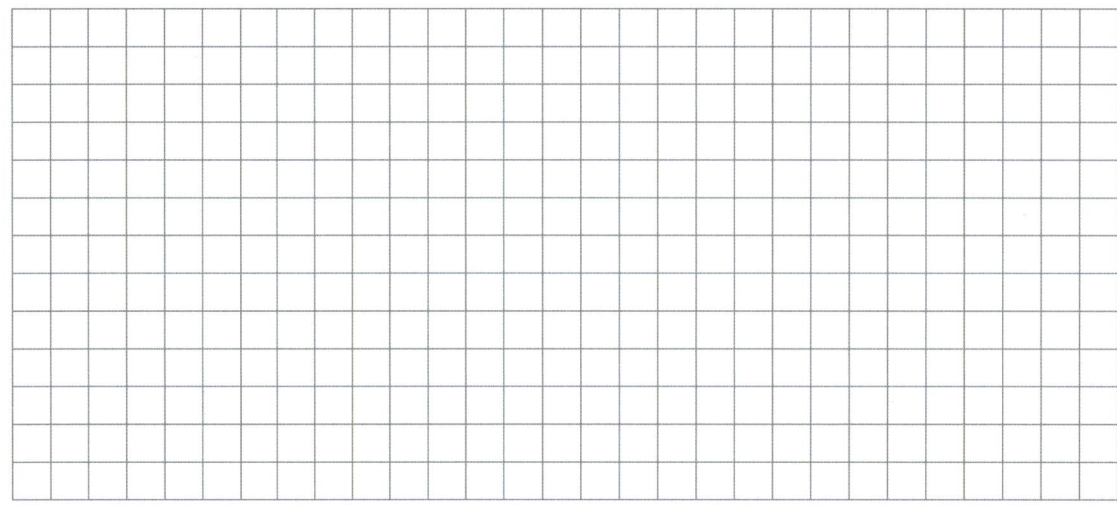

22.4 Empfehlen Sie RTM Bikes GmbH, welche Entscheidung Ihrer Meinung nach sinnvoll wäre. Begründen Sie Ihre Entscheidung.

_____

_____

_____

_____

_____

_____

_____

_____

_____

23 Bei der Make-or-Buy-Entscheidung spielen mehrere Faktoren eine Rolle. Diese sind entweder messbar oder zählen zu den sogenannten weichen Faktoren. Verbinden Sie die Faktoren mit den entsprechenden Bezeichnungen und Erläuterungen.

◄ Kap. 4.6.3

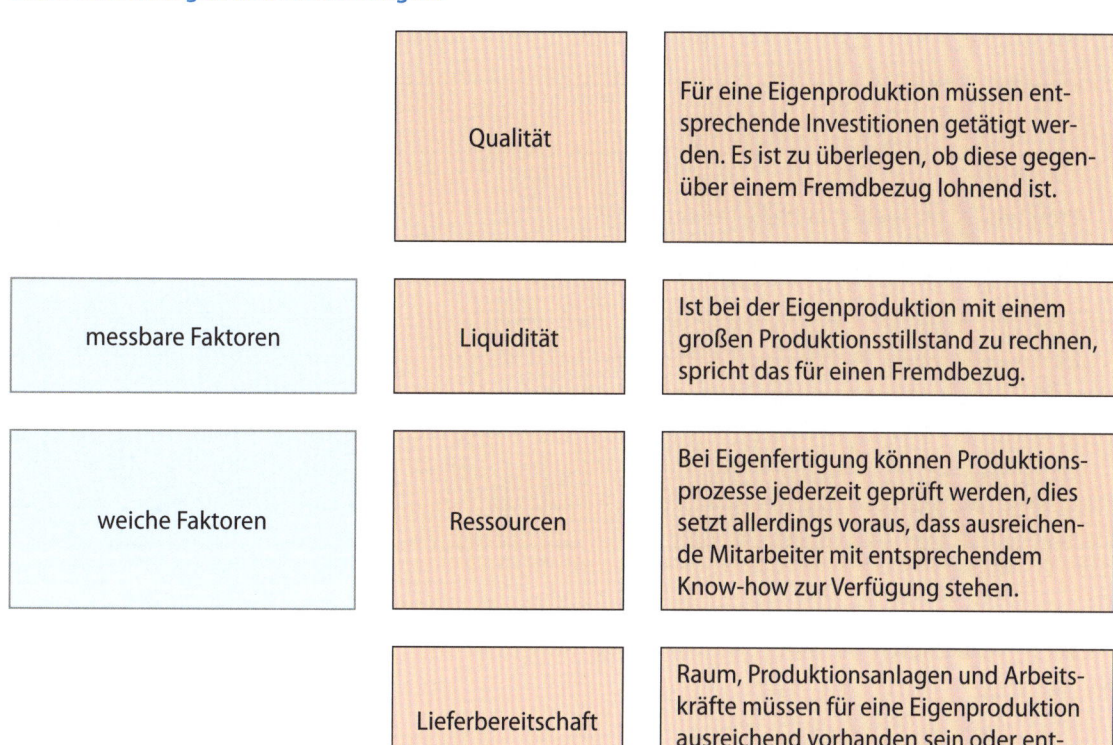

	Qualität	Für eine Eigenproduktion müssen entsprechende Investitionen getätigt werden. Es ist zu überlegen, ob diese gegenüber einem Fremdbezug lohnend ist.
messbare Faktoren	Liquidität	Ist bei der Eigenproduktion mit einem großen Produktionsstillstand zu rechnen, spricht das für einen Fremdbezug.
weiche Faktoren	Ressourcen	Bei Eigenfertigung können Produktionsprozesse jederzeit geprüft werden, dies setzt allerdings voraus, dass ausreichende Mitarbeiter mit entsprechendem Know-how zur Verfügung stehen.
	Lieferbereitschaft	Raum, Produktionsanlagen und Arbeitskräfte müssen für eine Eigenproduktion ausreichend vorhanden sein oder entsprechend nachgerüstet werden.

24 RTM Bikes GmbH möchte speziell für die Carbon-Mountainbikes die Laufradsätze von der französischen Firma Du Monde herstellen lassen. Ihnen liegt dazu folgende Grafik vor:

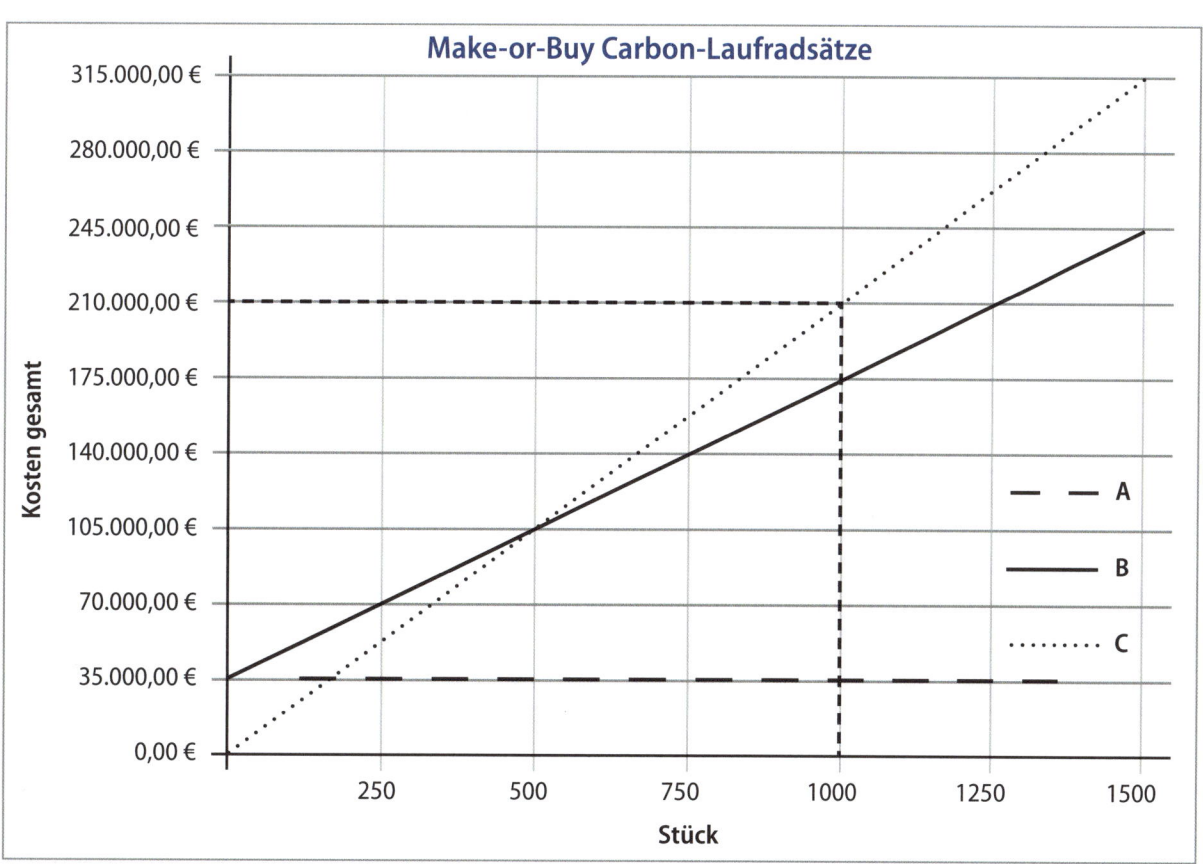

24.1 Beschriften Sie die Legende A bis C.

_____

_____

_____

24.2 Ermitteln Sie rechnerisch mithilfe der Grafik die …

a) … variablen Kosten pro Stück bei Eigenfertigung.

b) … Bezugskosten pro Stück bei Fremdbezug.

c) … kritische Menge (Break-even-Point), die zur Make-or-Buy-Entscheidung herangezogen wird.

24.3 Kreuzen Sie an, ob folgende Aussagen A bis D zur Infografik richtig (R) oder falsch (F) sind. Verbessern Sie falsche Aussagen.

Aussagen		R	F	Verbesserung
A	Bei einer geschätzten Absatzmenge von 800 sind die Selbstkosten höher, als die Kosten bei Fremdbezug.	☐	☐	
B	Ist die Absatzmenge von 500 Stück am Markt nicht durchsetzbar, ist es für RTM Bikes GmbH lukrativer die Laufradsätze selbst herzustellen.	☐	☐	
C	Ab einer Produktionsmenge von 500 Stück verursacht der Bezug bei der Firma Du Monde höhere Kosten, als die Kosten bei Eigenproduktion.	☐	☐	
D	Die Fixkosten betragen bei einer Absatzmenge von 500 Stück sowohl bei der Eigenfertigung als auch beim Fremdbezug 35.000,00 €.	☐	☐	

25 Das Zweigwerk von RTM Bikes GmbH überlegt, auch die E-Bike-Motoren für die E-Bike-Serie von der chinesischen Firma E-Ming zu beziehen. Ab der kritischen Menge von 8.000 Stück ist es für die Firma RTM Bikes GmbH lukrativer, die E-Motoren selbst herzustellen. Dazu liegen der Firma RTM Bikes GmbH folgende Werte vor:

Fremdbezug	
Listeneinkaufspreis je Stück	760,00 €
Bezugskosten je Stück	15,00 €
Gesamtkosten je Stück	775,00 €

Eigenproduktion	
jährliche Fixkosten	400.000,00 €

25.1 Berechnen Sie die Höhe der variablen Kosten bei Eigenfertigung.

25.2 Erläutern Sie einen Grund, der neben den Kosten für einen Fremdbezug bei der chinesischen Firma E-Ming sprechen könnte.

_____

_____

_____

25.3 RTM Bikes GmbH rechnet jährlich mit einem Absatz von 6.000 Stück und entscheidet sich daher für den Fremdbezug bei der Firma E-Ming. Bilden Sie den Buchungssatz für den Zieleinkauf für das 1. Quartal von 1.500 E-Motoren.

26 Während die Marketing-Mix-Instrumente ihre Wirkung erst langfristig erzielen, sind Verkaufsförderungsmaßnahmen kurzfristige Maßnahmen mit Aktionscharakter.

26.1 Füllen Sie nachstehende Kästen zu den Instrumenten des Marketing-Mix und formulieren Sie konkrete Beispiele.

PRODUKTPOLITIK (Produktinnovation)	_____ _____ _____

_____ _____	RTM Bikes GmbH stattet den Bund deutscher Radfahrer mit seinen MTBs aus.

PREISPOLITIK (raumbezogene Preisdifferenzierung)	_____ _____ _____

_____ _____	RTM Bikes GmbH baut am Welt-Kinder-Tag für die kleinen Biker einen Bike-Parcours auf.

VERTRIEBSPOLITIK (indirekter Vertrieb)	_____ _____ _____

_____ _____	RTM Bikes GmbH wechselt von 27-Zoll-Laufrädern auf 29-Zoll-Laufräder.

26.2 Nennen Sie jeweils eine konkrete Verkaufsfördermaßnahme mit Push- bzw. Pull-Effekt.

Push-Effekt	_____ _____

Pull-Effekt	_____ _____

26.3 Erläutern sie je zwei Vor- und Nachteile von kurzfristigen Verkaufsförderungsmaßnahmen.

_____

_____

_____